123 Técnicas
de Psicoterapia Relacional Sistêmica

Solange Maria Rosset

123 Técnicas
de Psicoterapia Relacional Sistêmica

Artesã

123 Técnicas de Psicoterapia Relacional Sistêmica

Copyright © 2013 Artesã Editora

2ª edição - 5ª reimpressão - novembro 2023

É proibida a duplicação ou reprodução deste volume, no todo ou em parte, sob quaisquer formas ou por quaisquer meios (eletrônico, mecânico, gravação, fotocópia, distribuição na Web e outros), sem permissão expressa da Editora.

DIRETOR
Alcebino Santana

DIREÇÃO DE ARTE
Tiago Rabello

REVISÃO
Maggy de Matos

CAPA
Fabrício Tacahashi Lau dos Santos
Rosana van der Meer
Silvio Gabriel Spannenberg

PROJETO GRÁFICO E DIAGRAMAÇÃO
Conrado Esteves

FICHA CATALOGRÁFICA

R829c   Rosset, Solange Maria.
         123 técnicas de psicoterapia relacional sistêmica/ Solange Maria Rosset. – 2. ed. – Belo Horizonte: Artesã Editora, 2013.
         180 p. ; 17 x 24cm.

         ISBN 978-85-88009-38-7.

         1. Psicoterapia. 2. Psicoterapia familiar. 3. Terapia de casal. I. Título.

                                              CDD 616.891
                                              CDU 615.851

Bibliotecária responsável: Camila C. A. C. de A. Araujo CRB6/2703

IMPRESSO NO BRASIL
Printed in Brazil

📞 (31)2511-2040   💬 (31)99403-2227
🌐 www.artesaeditora.com.br
📍 Rua Rio Pomba 455, Carlos Prates – Cep: 30720-290 | Belo Horizonte – MG
📷 📘 /artesaeditora

APRESENTAÇÃO

Durante 30 anos de trabalho clínico e de ensino, fui aprendendo, criando e transformando técnicas.

Por muito tempo, fui contrária a um livro de técnicas. Era uma forma de me posicionar contra o "tecnicismo" na psicoterapia, o excesso de uso de técnicas e a depositação da eficácia da psicoterapia na técnica.

Em 2003, quando resolvi encerrar minhas atividades como coordenadora de cursos de especialização para psicoterapeutas, uma das questões que meus alunos levantaram foi: "O que eu faria com meu arsenal de técnicas?" Pensei, então, em editá-las e repassá-las para os terapeutas que foram meus alunos. Porém, outros terapeutas mostraram interesse pelo assunto; sentiam necessidade dessa sistematização. Surgiu daí a ideia de transformar em livro e passar também, junto com as técnicas, a postura básica indispensável para fazer um uso adequado e pertinente delas.

Convidei três psicoterapeutas, ex-alunas, para me auxiliarem. Elas haviam se submetido a várias das técnicas no curso de Formação em Terapia Relacional Sistêmica (Individual, Famílias e Casais, Grupos), usavam muitas delas no seu dia a dia de consultório e, mais importante que isso, tinham introjetado minhas ideias com relação a cuidados, postura e funcionalidade no uso de técnicas em psicoterapia.

A organização e o uso das técnicas aqui apresentadas foram paralelos às mudanças que fui fazendo na minha forma de trabalhar, em função das especializações que fiz e da experiência clínica com terapia de famílias, de casal, de grupos e individual.

Minha primeira formação profissional foi em Terapia Psicodramática. Essa abordagem me possibilitou desenvolver a habilidade de usar instrumentos técnicos para facilitar o andamento da sessão, a compreensão e as vivências de que os clientes necessitavam.

Depois, fiz minha especialização em Terapia Corporal. Adquiri, então, um arsenal de técnicas e de instrumentos que facilitavam a leitura e o trabalho corporal, além de possibilitarem ao cliente tomar consciência e trabalhar suas condições energéticas e de caráter.

Ao especializar-me em Terapia Sistêmica, incorporei ao meu trabalho toda a proposta sistêmica de tarefas e prescrições, para a sessão ou para o intervalo entre as sessões, enriquecendo minha bagagem de técnicas psicoterápicas.

Em 1989, no Núcleo de Psicologia Clínica de Curitiba, eu e minha parceira de trabalho, Tereza Christina Fraga Brandão Paulus, reorganizamos o trabalho que fazíamos (clínico e de formação de profissionais), dando um nome que o diferenciasse das demais linhas clínicas e sistêmicas. Batizamos o aporte teórico-prático de TERAPIA RELACIONAL SISTÊMICA.[1]

Nessa abordagem, incorporamos do Psicodrama a proposta básica da relação terapêutica, o trabalho focado no momento, no aqui e agora, e a noção de contextos (social, grupal, psicodramático) e níveis. Usamos, também, as teorias de Matriz de Identidade [2] e Núcleo do EU[3][4] para a compreensão do desenvolvimento, além do instrumental técnico psicodramático que é riquíssimo.

Da Terapia de Sistemas Familiares, adotamos a leitura sistêmica das situações (estrutura, hierarquia e organização),[5] bem como a postura básica de que a responsabilidade do processo é do cliente e de que o foco da terapia é a mudança. Usamos, ainda, as intervenções sistêmicas, a instrumentação do tempo (tarefas, intervalos, etc.) e o planejamento do processo visando eficácia.

Da Terapia Corporal e de Energia, adotamos como base a compreensão energética dos seres vivos (fluxo, carga, descarga, etc.),[6] bem como a teoria do desenvolvimento (caráter) para compreensão do funcionamento.[7]

---

[1] ROSSET, S. M.; PAULUS, T. C. F. B. **Terapia relacional sistêmica**. Trabalho apresentado ao Seminário Clínico do Núcleo de Psicologia Clínica, Curitiba, 30 abr. 1990.

[2] FONSECA FILHO, J. de S. **Psicodrama da loucura**. Correlações entre Buber e Moreno. São Paulo: Agora, 1980.

[3] ROJAS-BERMÚDEZ, J. G. **Núcleo do eu**. Leitura psicológica dos processos evolutivos fisiológicos. São Paulo: Natura, 1978.

[4] ROJAS-BERMÚDEZ, J. G. **Introdução ao psicodrama**. 3ª ed. São Paulo: Mestre Jou, 1980.

[5] ROSSET, S. M. **Teoria geral de sistemas e a prática clínica**. Trabalho apresentado no Seminário Clínico do Núcleo de Psicologia Clínica, Curitiba, 1989.

[6] KELEMAN, S. **O corpo diz sua mente**. Tradução de Maya Hantower. São Paulo: Summus, 1996.

[7] LOWEN, A. **Bioenergética**. São Paulo: Summus, 1986.

Usamos, também, o seu arsenal técnico e a permissão para o contato corporal com o cliente.

Em 1993, ao deixar a equipe com a qual trabalhei por 18 anos, passei a fazer uma redefinição e reorganização do meu trabalho. Continuei com a proposta básica da Terapia Relacional Sistêmica, mas fui, aos poucos, definindo um modus operandi muito particular. A diferença final do meu trabalho para outros trabalhos de abordagem sistêmica é o foco do trabalho clínico, e também de formação de especialistas, no **padrão de funcionamento**.[8] Com isso, a tarefa terapêutica é **auxiliar o cliente a ter consciência do seu próprio padrão de funcionamento**; a partir disso, auxiliá-lo a realizar as aprendizagens que se fazem necessárias – aquelas que ficaram por fazer no processo de desenvolvimento ou que são necessárias nas novas fases que atravessa. Então, **auxiliá-lo a fazer as mudanças que são pertinentes**.

Outra característica dessa proposta é a clara definição de objetivos para o trabalho terapêutico. Esses objetivos são particulares para cada indivíduo ou sistema acompanhado e dependem da pertinência do cliente para mudança, do nível de consciência que ele tem do seu padrão de funcionamento, do momento e do contexto em que ele está inserido e do desejo e da vontade de realizar o processo.

Quando uso o termo padrão de funcionamento, estou querendo dizer: uma forma repetitiva que o sistema usa para responder e reagir às situações da vida e às situações relacionais. Engloba o que é dito e o que não é dito, a forma como são ditas e feitas as coisas, bem como todas as nuanças dos comportamentos. Fazem parte do padrão de funcionamento as compulsões básicas, as defesas automáticas, os jeitos, os álibis prediletos.

Tendo em vista essas características do meu trabalho clínico e de cursos de especialização, o uso de técnicas torna-se muito importante. Importante no sentido de serem as técnicas instrumentos úteis para se atingirem os focos e objetivos do processo, mas também no sentido de serem úteis se usadas com parcimônia, lucidez e clareza de intenção.

---

[8] ROSSET, S. M. **Izabel Augusta**: a família como caminho. Belo Horizonte: ArteSã, 2013.

SUMÁRIO

Introdução..13
Visão geral das técnicas...19
Descrição das técnicas..27
1. Primeiro registro de relacionamentos....................29
2. Desenho simbólico das mágoas............................30
3. Apresentação com objetos....................................31
4. Apresentação criativa..32
5. Adivinhe quem sou eu...33
6. O corpo fala..34
7. Apresentando o outro..35
8. Grade de fantasias..36
9. Livrar-se das dificuldades.....................................37
10. O que eu ganho?...38
11. Emoções no dia a dia..39
12. Sem receio..40
13. Riscos..41
14. Painel temático..42
15. Limpando sentimentos..43
16. Lembrete...44
17. Caixa mágica..45
18. Bom x ruim..46
19. História com recortes..47
20. Criando histórias...48
21. Lembranças do passado.....................................49
22. Débito e crédito...50
23. Contando histórias..51

24. Riscar sentimentos..52
25. Sempre, às vezes, nunca..54
26. Bola de folhas...55
27. Variações do jogo de memória..56
28. Queda de braço..57
29. Cabo de guerra...58
30. Cabra-cega grupal..59
31. Cego e guia..60
32. Montagem de uma casa..61
33. Zoológico...62
34. Desenho conjunto...63
35. Expectativas..64
36. Dificuldades da família...65
37. O que eu preciso melhorar..66
38. Mapa da mina..67
39. Árvore genealógica..68
40. Linha da vida...70
41. Projeto para daqui a 20 anos..72
42. Escultura da situação...73
43. Escultura do momento atual...74
44. Criação em conjunto..76
45. Sonho conjunto..77
46. Técnica do rabisco...78
47. Trabalhando com balões..79
48. Metáforas..80
49. Desenho dos quatro quartos...81
50. Níveis de consciência...82
51. Bilhetinhos e bandeiras..83
52. Pontos de confronto...84
53. Desencadeantes..85
54. Semelhanças e diferenças..86
55. Culpados...87
56. Poder..88
57. Valor e regra..89
58. Mapear o corpo..90
59. Meu corpo...91
60. Moeda no sapato...92
61. Como eu respiro..93

62. Conversa com ausentes..94
63. Sonhos..95
64. Possibilidades..96
65. Envelope secreto..97
66. Jogo com balões..98
67. Dramatização com objetos pequenos.........................99
68. Concretizar com jornais...100
69. Nomes e apelidos...101
70. Pessoas por quinquênios......................................102
71. O chamado...103
72. Uma história diferente..104
73. Girar a roda...105
74. Virar a roda...106
75. Limites..107
76. Confronto..108
77. Troca de afetos..109
78. Esgrima...110
79. Dança das cadeiras...111
80. O que é um casal?..112
81. Explicitando dificuldades......................................113
82. Rituais familiares...114
83. Desenho simbólico..115
84. Significado do nome...116
85. Padrão de comunicação..117
86. Álbum da vida...118
87. Autorretrato...119
88. O que eu enxergo...120
89. Antepassados..121
90. Circuito de mudanças...122
91. Dobradura com guardanapos.................................123
92. Quem quer mudar...124
93. Linha do casamento..125
94. Limpar mágoas..126
95. Treino de mudança...128
96. Mapeamento dos espaços......................................129
97. Bolo de interesses..130
98. Dominador x dominado...131
99. Rotinas...132

100. Singularidades, diferenças e semelhanças..................................133
101. Reação..134
102. Melhor forma..136
103. Responsabilidades/direitos..137
104. Prova de amor..138
105. O melhor e o pior...139
106. Dramatização das características do parceiro.....................140
107. Brasão da família...141
108. Primeiro encontro..142
109. Criatividade não verbal...143
110. Vínculos...144
111. Mapa da família...145
112. Vou falar disso... para não falar daquilo............................146
113. Eu gostaria...147
114. Embolar/desembolar...149
115. Desenho da planta baixa da primeira casa.........................150
116. Eu, meu passado e meu futuro..152
117. O outro lado..153
118. Quem é quem..154
119. Xadrez..155
120. Perdão..156
121. Carta..157
122. Padrões comunicacionais..158
123. Desenho dos padrões sexuais...159

Referências..161
Bibliografia recomendada...163
Anexo 1 - Texto para a técnica dos *Culpados*..............................165
Anexo 2 - Círculo para a técnica dos *Vínculos*............................167
Anexo 3 - Lista para aplicação da técnica *Quem é quem*...........169
Anexo 4 - Montagem das caixas..171
Anexo 5 - Lista de material para o consultório............................173

INTRODUÇÃO

INDICAÇÃO DE TÉCNICAS

A técnica utilizada como um instrumento mecânico não se presta senão para a manipulação da situação; porém, quando utilizada como uma real necessidade do momento de um indivíduo ou de um grupo, pode se transformar numa obra de arte.

Para que ela seja realmente um instrumento terapêutico, algumas reflexões são necessárias.

QUANDO E POR QUE SE USAM TÉCNICAS

As técnicas psicoterapêuticas só devem ser usadas quando o processo não está acontecendo; quando, por alguma razão, há necessidade de desencadear movimentos novos.

Se o processo terapêutico está se desenvolvendo satisfatoriamente, não há necessidade de lançar mão de novos instrumentos.

Técnica é útil como **facilitador**, e nunca deve ser usada como o ponto central de um processo ou de uma sessão terapêutica. Um processo que está circulando não precisa de facilitador; nesse caso, não é necessário o uso de técnicas.

As técnicas podem oportunizar o exercício e o desenvolvimento de algum item que o cliente está precisando aprender, além de serem utilizadas para treinar novos comportamentos, tais como: aprender a lidar com o lúdico, aprender a lidar com regras, aprender a lidar com agressividade, promover troca de afeto, dar colo, etc.

As técnicas também são um bom auxílio para "limpar" algo (raiva, medo, ciúme, inveja, dor), para que a pessoa possa fazer contato com o que está por trás do sentimento e, então, o processo tenha andamento.

Servem, ainda, para trabalhar em diferentes níveis: **real** (coisas concretas: listar, fazer), **simbólico** (representa o real: desenho, figura, jogo, escultura) ou **fantasia** (imaginação, desejo, vontade: projeto de vida).

Na Terapia de Casal, além dessas questões gerais, as técnicas têm a função de auxiliar o terapeuta a manter a postura adequada para este tipo de atendimento. Ou seja, ajudá-lo a não polarizar, não tomar partido, não fugir dos princípios sistêmicos básicos e não ficar preso no jogo inconsciente do casal.[9]

Outra questão importante no uso de técnicas é a afinidade que o terapeuta tem com determinada técnica. Essa afinidade depende do terapeuta já ter vivido a técnica como sujeito, da sua experiência com ela e do padrão de funcionamento do próprio terapeuta.[10]

Da mesma forma, é importante adequar a escolha da técnica ao objetivo do momento. Uma técnica inadequada ao que se deseja atingir será uma perda de tempo e energia.

A forma como se propõe o trabalho e todos os cuidados táticos definem o bom ou mau resultado.

DEFINIÇÃO DO OBJETIVO DA TÉCNICA

A técnica deve estar sempre alinhada com o objetivo a ser trabalhado naquele momento do processo; portanto, mais importante do que conhecer o objetivo parcial da técnica é saber para onde se está caminhando e o que se pretende atingir com o cliente. Se o terapeuta souber o que está fazendo com o seu cliente, terá clareza ao definir o objetivo da técnica específica que irá usar. Dessa forma, poderá adaptar técnicas e criar outras de forma coerente.

ADEQUAÇÃO DA TÉCNICA AO OBJETIVO E AO MOMENTO

Na escolha da técnica, alguns aspectos teóricos e clínicos devem ser observados. Estas questões são específicas da postura básica da Terapia

---

[9] WILLI, J. O conceito de colusão: uma integração entre a proposta sistêmica e psicodinâmica para terapia de casal. Tradução de: Danilo Rosset. Curitiba, 1998. Tradução de: Il concetto di collusione: un'integrazione tra approccio sistêmico e psicodinâmico alla terapia di. coppia. **Terapia Familiare**. Rivista interdisciplinare di ricerca ed intervento relazionale, Roma, n. 23, 27-39, mar. 1987.

[10] ROSSET, S. M. **Padrão de interação do sistema terapêutico**. Trabalho apresentado no Congresso Internacional de Terapia Familiar da IFTA, 13, Porto Alegre, 2001.

Relacional Sistêmica, mas são úteis a todos os terapeutas que trabalham com terapia focada na ação, na mudança e na aprendizagem.

Contextos

Segundo a Teoria Psicodramática, ao trabalharmos numa sessão, precisamos levar em consideração o tipo de material com o qual estamos lidando. Esse material pode ser de três tipos:[11]

- ligado ao **contexto social** – corresponde ao espaço extrassessão, à chamada "realidade social"; é regido por leis e normas sociais que impõem determinadas condutas e compromissos ao indivíduo que o integra; é do qual provém o material trazido pelos clientes para a sessão;
- ligado ao **contexto grupal** – é constituído pelo sistema terapêutico; acha-se formado por todos os integrantes, tanto cientes como terapeutas, suas interações e o produto das mesmas, isto é, seus costumes, normas e leis particulares; é sempre particular a cada sistema terapêutico;
- ligado ao **contexto da sessão** – são as cenas trabalhadas pelos clientes e pelo terapeuta na sessão; é o recorte que eles dão aos fatos e situações; é a construção dos dados que eles reorganizam.

Da mesma forma, ao escolher a técnica, deve-se levar em consideração o contexto ao qual se liga o material que está sendo trabalhado, além de ter claro em que contexto se pretende desenvolver mudanças, tomada de consciência e aprendizagens.

Etapas do trabalho

O trabalho terapêutico contém:
- três etapas básicas da sessão – abertura, desenvolvimento e fechamento,
- uma etapa de pós-sessão,
- uma etapa de intervalo entre sessões,
- uma etapa de pré-sessão.

A **abertura** é o momento da sessão no qual terapeuta e cliente retomam as questões que ficaram da sessão anterior, levantam as tarefas realizadas,

---

[11] Conceitos psicodramáticos adaptados à leitura relacional sistêmica.

levantam as questões pertinentes ao momento e ao contexto da sessão e redefinem o trabalho da sessão.

O **desenvolvimento** é a parte maior da sessão, na qual os assuntos são trabalhados. É o momento em que as técnicas são aplicadas.

O **fechamento** é a etapa final da sessão, que engloba uma síntese do que aconteceu, a definição de tarefas ou técnicas para serem realizadas antes do próximo encontro e as definições da próxima sessão.

O **pós-sessão** é o tempo imediatamente após o encontro terapêutico, no qual os reflexos e as reflexões da sessão ainda estão muito vívidos. Esta é a fase para técnicas que reforçam o que foi visto na sessão.

O **intervalo entre sessões** é o tempo em que o cliente fica sem o contato direto com o terapeuta e integra o material da sessão ao seu dia a dia, à sua vida de relações e compromissos.

A **pré-sessão** é a fase que antecede a volta, o contato com o terapeuta, na qual o cliente organiza sua vivência externa para programar o que levará para sua sessão de terapia. As tarefas e técnicas para esta fase são aquelas que preparam para o encadeamento dos assuntos e das questões.

Levar em consideração essas etapas possibilita a escolha de técnicas adequadas aos momentos e objetivos do trabalho terapêutico.

Etapas da técnica

Ao escolher uma técnica, deve-se organizar o material levando-se em conta alguns aspectos citados a seguir.

Aquecimento para a técnica – é um conjunto de procedimentos que intervêm na preparação do cliente, para que ele se encontre em ótimas condições para a ação. Engloba a coerência entre o assunto que está sendo trabalhado e a técnica que será usada, a forma como se propõe o trabalho, o uso de palavras e consignas adequadas para motivar o cliente e conseguir sua cooperação e disponibilidade.

Desenvolvimento da técnica – é a técnica em si, desenvolvida com o material técnico pertinente, o espaço e o tempo que forem necessários.

Fechamento da técnica – engloba o relato que os clientes fazem, os comentários do terapeuta, as avaliações das situações envolvidas e os encadeamentos de questões, novas tarefas, novos movimentos que sejam pertinentes.

Áreas de funcionamento

O ser humano tem três áreas de funcionamento: área mente, área corpo e área ambiente.¹²

Área mente – é responsável pela produção racional, lógica; engloba o que a pessoa pensa, fantasia, imagina.

Área corpo – engloba todas as questões ligadas às sensações, emoções e energia do indivíduo.

Área ambiente – está ligada às ações da pessoa, ao seu movimento e a suas relações no espaço externo a si.

As pessoas, de acordo com seus padrões, têm maior ou menor facilidade de atuação, consciência e integração nessas áreas. Ao definir uma técnica, é importante ter clareza de quais dessas áreas a técnica vai privilegiar, vai desenvolver, além de ter clareza do funcionamento do cliente, ou seja, quais são as áreas fortes, as fracas, qual é o nível de integração ou de invasão entre as áreas.

CUIDADOS NECESSÁRIOS

Com o padrão de funcionamento

O terapeuta precisa estar atento à forma como a técnica é realizada, ao conteúdo que surge a partir dela e, principalmente, ao padrão de funcionamento do cliente. Qualquer técnica utilizada revela o padrão de funcionamento do cliente. Nunca se deve utilizar uma técnica se houver alguma dúvida de que pode estar sendo usada de modo a ser conivente com o padrão de funcionamento disfuncional do cliente. Não se podem usar mágicas quando o cliente precisa treinar, aprender e conscientizar-se do seu padrão de funcionamento.

Com a consigna

Uma boa consigna deve ser clara. Deve-se cuidar com as palavras utilizadas, conforme o que se pretende atingir. Qualquer coisa pode ser utilizada como técnica; basta ter o objetivo claro e transformar, ousar, criar e adaptar.

---

[4] PICHON-RIVIÈRE, E. **Teoria do vínculo**. São Paulo: Martins Fontes, 1995.

Com o tempo

O tempo, principalmente no caso de técnicas irracionais, deve ser determinado conforme a situação, o tempo interno do cliente e o objetivo da técnica.

Com o terapeuta

O terapeuta precisa sentir-se à vontade com as técnicas que utiliza. Ele deve ter um arsenal de técnicas, em cuja aplicação sinta-se bem. Se ele já se submeteu a determinada técnica, certamente estará mais familiarizado com ela.

Com o espaço

O espaço define a forma e o uso da técnica. A maioria das técnicas pode ser adaptada ao espaço que se tem disponível; no entanto, algumas técnicas serão prejudicadas se o espaço não for adequado.

Com julgamentos e interpretações

O terapeuta não deve julgar ou interpretar o material ou conteúdo que surgir a partir de uma técnica. Julgamentos, interpretações, racionalizações podem desqualificar e enfraquecer o objetivo. O que aparece no trabalho com as técnicas é o padrão de funcionamento do cliente, é um mapa que norteará o caminho a seguir. Ao não fazer julgamentos ou interpretações, o terapeuta fica mais disponível para enxergar o padrão.

Com o material

Ao final desse livro, incluímos exemplos de materiais para a montagem de caixas de ícones que são usadas em muitas das técnicas que apresentamos (Anexo 4) e também uma relação de materiais úteis para se ter no consultório e facilitar a criação e implementação de técnicas terapêuticas (Anexo 5).

VISÃO GERAL DAS TÉCNICAS

Sobre as técnicas desse livro, fazemos algumas colocações iniciais.

Muitas técnicas são úteis para atendimento individual, de casal, de família e de grupos. Naturalmente, deve-se adaptar a consigna para o cliente que está presente no momento.

Quando nos referimos a **cliente**, pode ser o indivíduo, o casal, a família ou o grupo.

As consignas são só uma indicação de como as técnicas podem ser aplicadas; cada terapeuta pode adequá-las à sua linguagem, à sua forma de trabalho e aos seus objetivos.

Todas as técnicas que auxiliam a ver o padrão de funcionamento do cliente podem ser usadas quando o objetivo for trabalhar aspectos específicos já definidos e relacionados com o conteúdo da técnica.

A caixa com figuras variadas é um material que usei, inicialmente, para facilitar o trabalho de colagens; aos poucos, fui incorporando esse item em inúmeras técnicas e descobrindo seus usos variados e inusitados. Ela tem sido muito útil como base para trabalhar técnicas que precisam de algo menos racional e pragmático. Pode também ser usada nos moldes da avaliação psicológica realizada nas técnicas de grafismos. Quanto à cor, as figuras coloridas estão ligadas ao momento atual, ao presente; as figuras em preto e branco estão ligadas ao passado, ao antigo. Quanto ao posicionamento, as figuras que têm mais concentração de desenho à esquerda estão mais ligadas ao passado, as que têm mais concentração no meio estão ligadas ao presente e as que têm mais concentração à direita estão ligadas ao futuro; se a figura tiver mais concentração na parte superior, está mais ligada à fantasia, ao mundo mental; se tiver mais concentração na parte inferior, está ligada ao dia a dia, ao mundo concreto.

A seguir, apresentamos um quadro-resumo com objetivo e indicação de cada uma das técnicas. Usamos letras para as referências: I – indivíduo, C – casal, F – família, G – grupo.

QUADRO-RESUMO

Nº	Nome	Objetivo	Indicação
1	Primeiro registro de relacionamentos	Circulação da emoção dentro da família.	F
2	Desenho simbólico das mágoas	Retomada e elaboração de mágoas.	C F G
3	Apresentação com objetos	Apresentação; auto e heteropercepção	F G
4	Apresentação criativa	Apresentação de forma não convencional.	F G
5	Adivinhe quem sou eu	Apresentação; auto e heteropercepção.	F G
6	O corpo fala	Apresentação de forma não verbal	F G
7	Apresentando o outro	Apresentação; auto e heteropercepção.	G
8	Grade de fantasias	Apresentação; levantamento dos padrões de avaliação do grupo.	G
9	Livrar-se das dificuldades	Ampliação da visão e das possibilidades sobre as dificuldades.	I C F G
10	O que eu ganho?	Conscientização das resistências para mudança.	I C F G
11	Emoções no dia a dia	Consciência sobre como lidar com as emoções.	I C F G
12	Sem receio	Avaliação de outras possibilidades.	I C F G
13	Riscos	Avaliação dos riscos de mudança.	I C
14	Painel temático	Treino do trabalho em conjunto; trabalho com temas de forma simbólica.	F
15	Limpando sentimentos	Elaboração de sentimentos referentes a situações passadas.	I F G
16	Lembrete	Conscientização sobre aprendizagens necessárias.	I C F G

Nº	Nome	Objetivo	Indicação
17	Caixa mágica	Desenvolvimento de conscientização.	I C F G
18	Bom x ruim	Avaliação de pontos positivos e negativos de uma situação.	I C
19	História com recortes	Visão simbólica da história de vida.	I C F G
20	Criando histórias	Avaliação do padrão de funcionamento e do processo criativo.	I
21	Lembranças do passado	Circulação de sentimentos; avaliação da comunicação.	F G
22	Débito e crédito	Estimulação da percepção das diferenças.	C F G
23	Contando histórias	Avaliação do padrão de funcionamento.	F G
24	Riscar sentimentos	Compreensão, expressão e elaboração de sentimentos.	I
25	Sempre, às vezes, nunca	Levantamento de crenças e valores.	I F C
26	Bola de folhas	Elaboração de situações inacabadas.	I
27	Variações do jogo de memória	Avaliação do padrão de funcionamento, enfocando regras, limites, competição, etc.	C F G
28	Queda de braço	Avaliação das relações quanto a competição, potência, ganho, perda, etc.	C F G
29	Cabo de guerra	Avaliação do padrão de funcionamento, enfocando competição, regras, limites, etc.	C F G
30	Cabra-cega grupal	Expressão de afetos e contato físico.	F G
31	Cego e guia	Levantamento do nível de confiança na relação.	C
32	Montagem de uma casa	Levantamento do padrão e definição da aprendizagem.	F
33	Zoológico	Levantamento do padrão; definição da aprendizagem; auto e heteropercepção.	F
34	Desenho conjunto	Possibilidade de trabalho conjunto; avaliação do padrão de funcionamento.	F

Nº	Nome	Objetivo	Indicação
35	Expectativas	Identificação das expectativas em relação ao processo.	F
36	Dificuldades da família	Reflexão e consciência das dificuldades da família.	F
37	O que eu preciso melhorar	Reflexão sobre dificuldades nos subsistemas; responsabilidade pelas mudanças.	F
38	Mapa da mina	Reflexão e consciência sobre dificuldades e aprendizagens necessárias.	F
39	Árvore genealógica	Avaliação da construção familiar.	I C F G
40	Linha da vida	Visão geral sobre etapas de vida e funcionamento.	I F G
41	Projeto para daqui a 20 anos	Conscientização sobre a necessidade de preparar o futuro agora.	I C F G
42	Escultura da situação	Avaliação do momento atual.	I
43	Escultura do momento atual	Levantamento do padrão de funcionamento; circulação de conteúdos.	C F G
44	Criação em conjunto	Levantamento do padrão de funcionamento; treino de novos comportamentos.	C F G
45	Sonho conjunto	Desenvolvimento de flexibilidade e organização de conteúdos.	C F G
46	Técnica do rabisco	Avaliação de expectativas e pertinência para terapia.	I C F G
47	Trabalhando com balões	Expressão da emoção de forma lúdica e metafórica.	I C F G
48	Metáforas	Conscientização sobre o padrão de funcionamento.	I C F
49	Desenho dos quatro quartos	Exploração de uma situação em todos os seus aspectos.	I
50	Níveis de consciência	Avaliação do equilíbrio entre os níveis de consciência.	I G
51	Bilhetinhos e bandeiras	Sinalização de situações de forma não verbal.	C
52	Pontos de confronto	Identificação de pontos de resistência à mudança.	C

Nº	Nome	Objetivo	Indicação
53	Desencadeantes	Reflexão sobre como o padrão de cada membro desencadeia o comportamento do outro.	C
54	Semelhanças e diferenças	Reflexão e comparação sobre as características comuns na família.	I F G
55	Culpados	Treino de novos comportamentos.	I C F G
56	Poder	Conscientização sobre o exercício do poder.	I G
57	Valor e regra	Conscientização sobre crenças e preceitos básicos.	I G
58	Mapear o corpo	Consciência das vivências corporais.	I G
59	Meu corpo	Consciência da imagem corporal.	I
60	Moeda no sapato	Conscientização sobre um aprendizado.	I
61	Como eu respiro	Mapeamento do padrão de respiração e de funcionamento.	I G
62	Conversa com ausentes	Fecho de situações inacabadas.	I
63	Sonhos	Facilitação da aprendizagem em situações simbólicas.	I
64	Possibilidades	Ampliação da percepção de uma situação.	I
65	Envelope secreto	Limpeza de determinada situação e sentimentos.	I
66	Jogo com balões	Flexibilização da relação interpessoal.	F G
67	Dramatização com objetos pequenos	Facilitação de outra visão de uma mesma situação.	I
68	Concretizar com jornais	Concretização de uma situação sobre a qual se tem pouco entendimento.	I C F G
69	Nomes e apelidos	Levantamento de pontos ligados à identidade e ao padrão de funcionamento.	F C
70	Pessoas por quinquênios	Possibilidade de conhecimento do padrão de vínculos do cliente.	I

Nº	Nome	Objetivo	Indicação
71	O chamado	Avaliação do funcionamento.	F G
72	Uma história diferente	Avaliação do padrão de funcionamento e definição de aprendizagens.	F G
73	Girar a roda	Busca de vivências e sentimentos, abrindo-se espaços para aprendizagem.	G
74	Virar a roda	Aprendizagem de jeitos diferentes de se fazer a mesma coisa.	F G
75	Limites	Visualização do padrão de funcionamento do grupo.	F G
76	Confronto	Treino de novos comportamentos.	C
77	Troca de afetos	Facilitação da circulação de afetos.	F G
78	Esgrima	Treino de novos comportamentos.	F G
79	Dança das cadeiras	Observação do padrão de funcionamento.	F G
80	O que é um casal?	Percepção de ambivalências, concordâncias e rigidez do casal.	C
81	Explicitando dificuldades	Consciência de como se lida com as dificuldades.	I C F G
82	Rituais familiares	Identificação de rituais que estão presentes na família.	I C F G
83	Desenho simbólico	Reprocessamento de alguma fase da vida.	I F G
84	Significado do nome	Trabalho de questões de identidade.	I G
85	Padrão de comunicação	Identificação e reflexão sobre o padrão de comunicação.	I
86	Álbum da vida	Busca da consciência de questões que não foram entendidas.	I C F
87	Autorretrato	Trabalho de questões de identidade.	I G
88	O que eu enxergo	Ampliação da percepção.	I G
89	Antepassados	Pesquisa de antepassados míticos.	I G
90	Circuito de mudanças	Observação do padrão de funcionamento para mudanças.	I C F G

Nº	Nome	Objetivo	Indicação
91	Dobradura com guardanapos	Avaliação de expectativas/valores sobre o que é ser um casal.	C
92	Quem quer mudar	Verificação de prontidão para realizar aprendizagens e mudança.	C
93	Linha do casamento	Visão geral sobre a história do casal.	C
94	Limpar mágoas	Fecho de situações passadas para se olhar o futuro.	C
95	Treino de mudança	Auxílio ao casal nas mudanças necessárias.	C
96	Mapeamento dos espaços	Mapeamento dos espaços individuais e conjugais na relação.	C
97	Bolo de interesses	Observação do investimento que o casal faz na relação.	C
98	Dominador x dominado	Desenvolvimento de questões relacionadas ao poder.	C
99	Rotinas	Levantamento de rotinas de um dia comum e de um dia especial na vida do casal.	C
100	Singularidades, diferenças e semelhanças	Tomada de consciência do funcionamento.	C
101	Reação	Verificação do funcionamento e do respeito em relação às diferenças.	C
102	Melhor forma	Verificação do funcionamento e criação de possibilidades dentro do relacionamento.	C
103	Responsabilidades/ direitos	Percepção de direitos e deveres na relação e funcionamento do casal.	C
104	Prova de amor	Percepção do que o outro necessita.	C
105	O melhor e o pior	Capacidade de raciocinar diante do novo; padrão de funcionamento; treino de situações futuras.	C
106	Dramatização das características do parceiro	Explicitação e melhor percepção de seu funcionamento.	C

Nº	Nome	Objetivo	Indicação
107	Brasão da família	Percepção de valores; trabalho de crescimento para trazer à tona as dificuldades.	I C F G
108	Primeiro encontro	Tomada de consciência do que é possível como casal.	I C
109	Criatividade não verbal	Lida com a criatividade e o inusitado.	C F G
110	Vínculos	Trabalho com vínculos; abertura de portas; treino de relações pessoais.	I G
111	Mapa da família	Estratégias novas para trabalhar coisas lógicas.	I C F G
112	Vou falar disso... para não falar daquilo	Levantamento de temas e conteúdos que estão encobertos.	F G
113	Eu gostaria	Explicitação do padrão das relações pessoais.	F G
114	Embolar/desembolar	Contato com o funcionamento individual e grupal.	G
115	Desenho da planta baixa da primeira casa	Integração do presente, do passado e do futuro; resgate de emoções; trabalho mítico, valores, espaço.	I C F G
116	Eu, meu passado e meu futuro	Identificação de novos dados relacionados ao cliente e à sua história.	I F G
117	O outro lado	Explicitação de polaridades e opostos.	I
118	Quem é quem	Avaliação do padrão de funcionamento da família.	F G
119	Xadrez	Avaliação do padrão de funcionamento do casal.	C
120	Perdão	Facilitação do trabalho com situações de mágoa e culpa.	I
121	Carta	Auxílio para se desprender de situações antigas.	I
122	Padrões comunicacionais	Visualização de seus padrões de comunicação atuais.	I C G
123	Desenho dos padrões sexuais	Auxílio para enxergar os padrões de funcionamento.	I C

DESCRIÇÃO DAS TÉCNICAS

No quadro abaixo, estão relacionados os itens que compõem a descrição de cada uma das técnicas.

Título	Número, Nome ou Definição Técnica
Objetivo	Para que se usa a técnica.
Código	I = individual, C = casal, F = família, G = Grupo.
Material	Material que será utilizado durante a técnica.
Consigna	Todos os detalhes da técnica.
Variação	Mudança de acordo com os objetivos.
Observação	Item importante a ser observado ou avaliado.
Pergunta	Dúvida mais comum que os aplicadores podem ter.

Título	① PRIMEIRO REGISTRO DE RELACIONAMENTOS
Objetivo	Fazer circular a emoção dentro da família para facilitar o trabalho de confronto, a troca de afetos e o compartilhar de experiências vivenciadas.
Código	F
Material	Uma folha de papel, dividida em tantos espaços quantos forem os membros da família, e uma caneta para cada um.
Consignas	"Um a um, todos devem ficar no centro do grupo. Na sua vez, cada um deve relatar algum fato aleatório sobre sua vida. Os que estiverem em volta devem escrever, num dos espaços de sua folha, o nome da pessoa e a primeira lembrança que tem dela na sua vida." "Agora, vocês devem compartilhar as lembranças."
Variação	Em vez da primeira lembrança de cada um dos membros da família, pode ser pedido que falem sobre a primeira mágoa, a primeira dificuldade ou outro assunto que seja pertinente com o que se está trabalhando.
Observação	Ideal para família de adultos.
Perguntas	- Dar toda a consigna de uma só vez ou em partes? R. Melhor dar em duas partes. - Se der a consigna em duas etapas, o fato das pessoas não saberem antes que vão compartilhar as lembranças pode causar problemas? R. Não, pois ficarão mais à vontade para escrever.

Título	(2) **DESENHO SIMBÓLICO DAS MÁGOAS**
Objetivo	Possibilitar que as mágoas sejam retomadas e elaboradas sem a necessidade de serem explicitadas e relatadas.
Código	C F G
Material	Uma folha de papel, dividida em tantos espaços quantas forem as pessoas da família, casal ou grupo, e lápis de cor.
Consignas	Para grupo e família: "Cada um deve ficar no centro do grupo. A pessoa que ficar no centro relata algum fato aleatório sobre sua vida. Os que estiverem em volta fazem, num dos espaços da sua folha, um desenho simbólico das mágoas que tem por aquela pessoa." "Agora, vamos juntar todas as folhas e queimá-las aqui na sessão." Para Casal: "Cada um deve relatar algum fato aleatório sobre sua vida. O que estiver escutando faz, na sua folha, um desenho simbólico das mágoas que tem em relação ao outro. Depois, invertem-se as posições." "Agora, vamos juntar as folhas e queimá-las aqui na sessão."
Variação	Se for família ou casal, as pessoas podem levar as folhas fechadas para serem queimadas na presença de todos, no intervalo entre as sessões.
Observações	Essa técnica é indicada para quando as pessoas têm mágoas que impedem o andamento do trabalho; por essa razão, antes da aplicação da técnica, há necessidade de se trabalhar o desejo dos envolvidos de abrir mão dos álibis e das desculpas que as mágoas antigas e retidas dão. É importante, também, esclarecer que não serão trabalhados os conteúdos das mágoas, mas sim a intenção de "parar de chorar em cima do leite derramado" e reconstruir as relações.
Pergunta	- Eles podem abrir as folhas com os desenhos? R. O ideal é explicar que não devem abrir, pois o objetivo não é compartilhar, e sim elaborar as questões.

Título	③ **APRESENTAÇÃO COM OBJETOS**
Objetivo	Auxiliar as pessoas envolvidas a tomar consciência de como elas se veem e como se mostram aos outros. Auxiliar o terapeuta a conhecer o padrão de funcionamento dos participantes.
Código	F G
Material	Objetos variados.
Consignas	"Cada um irá escolher um objeto dessa sala que o represente." "Agora, cada um explica para o grupo porque escolheu o objeto e o que ele tem a ver consigo."
Variação	Os objetos podem ser escolhidos da bolsa dos participantes ou de uma caixa de ícones.
Observações	Além de ser uma técnica útil para apresentação no início de um grupo, pode ser usada para auxiliar o cliente a falar de si, a tomar contato com expectativas e ansiedades de situações novas.
Pergunta	- O que se trabalha após as pessoas se apresentarem? R. Se o objetivo for a apresentação no início de um grupo, não há trabalho específico para direcionar além do que for surgindo durante a técnica. No entanto, se existe um outro objetivo (por exemplo: flexibilizar as relações familiares ou grupais), pode-se levantar questões ligadas ao tema, tais como flexibilizar, lidar com as diferenças, liberar-se para novas formas de funcionamento.

Título	④ **APRESENTAÇÃO CRIATIVA**
Objetivo	Permitir que todos possam se apresentar ao grupo (ou família) de formas diferentes da convencional, mostrando outros ângulos de sua personalidade e utilizando a criatividade.
Código	F G
Material	Nenhum específico.
Consigna	"Cada pessoa deverá sair da sala e, ao entrar, apresentar-se de três jeitos diferentes."
Variação	Pode-se definir a forma geral da apresentação; por exemplo: cantando, desenhando, interpretando, fazendo uma escultura, com argila.
Observação	Esta é uma técnica para incluir as pessoas ou trabalhar as questões lúdicas, de criatividade, de espontaneidade.
Pergunta	- O que fazer se houver uma discussão sobre quem inicia, sem consenso? R. Quando algo inviabiliza o uso da técnica pode-se trabalhar o impasse no funcionamento do grupo ou da família. Por exemplo: levantar questões sobre como eles lidam com isso, que sentimentos afloram.

Título	⑤ **ADIVINHE QUEM SOU EU**
Objetivos	Facilitar a apresentação entre as pessoas através de algum objeto pessoal. Proporcionar aos participantes conscientização de seu funcionamento através das fantasias de outras pessoas a seu respeito.
Código	G
Material	Um pano ou uma manta para esconder os objetos.
Consignas	"Cada um escolhe um objeto que esteja consigo (na bolsa, no bolso, na pasta), que lhe represente, e coloca-o, sem que ninguém veja, embaixo do pano que está estendido no centro do grupo." Depois que todos colocarem o objeto, tira-se o pano. "Agora, cada um escolhe um objeto que não é o seu e fala sobre quais fantasias tem a respeito de quem acha que é o dono do objeto."
Variação	Numa caixa com vários objetos inusitados, cada participante escolhe um para representá-lo. Segue igual ao explicado acima.
Observação	Ao final, cada participante é estimulado a comparar as fantasias da pessoa que o definiu através do seu objeto e a sua própria motivação para escolhê-lo.
Pergunta	- Como fazer para que os outros não vejam o que cada um está colocando embaixo do pano? R. Enrolar o objeto em um casaco e colocar embaixo do pano; pedir que todos fechem os olhos quando cada participante colocar seu objeto, entre outras formas.

Título	⑥ O CORPO FALA
Objetivo	Proporcionar um maior conhecimento entre pessoas de um grupo, utilizando-se outras formas além do verbal.
Código	F G
Material	Espaço adequado.
Consignas	"Um de cada vez, cada participante deve falar de si, fazendo mímica a respeito de três situações: - a maior dificuldade que tem no momento; - como lida com situações estressantes; - o que tem vontade, mas nunca teve coragem de dizer." Após todos se apresentarem através da mímica, compartilhar.
Variações	Pode-se utilizar o corpo para fazer caretas ou uma escultura. Pode-se variar as três situações, dependendo do que seja pertinente para o grupo ou a família.
Observações	Para o início de um grupo, é útil incluir o corpo e a criatividade no padrão que será determinado. Para famílias, esta técnica possibilita que as pessoas conheçam e descubram novos ângulos dos familiares, além de incluir flexibilização e criatividade nas sessões e relações familiares.
Pergunta	-O que fazer se alguém tiver muita dificuldade para se soltar? R. É importante que o terapeuta aceite, sem críticas, a produção de todos os elementos, mas deve também estimular a participação, propondo a tarefa de forma leve e lúdica.

Título	⑦ **APRESENTANDO O OUTRO**
Objetivo	Auxiliar os participantes a tomar consciência de como percebem as pessoas ao seu redor e, ao mesmo tempo, tomar consciência do impacto que causam nos outros.
Código	G
Material	Lugar adequado para que as pessoas possam sentar-se em círculo.
Consignas	"Cada um de vocês apresenta a pessoa que está à sua esquerda, a partir da característica dela que mais lhe chamou a atenção." Após todos apresentarem o vizinho: "Cada pessoa que foi apresentada pelo seu vizinho diz se concorda ou discorda da colocação feita, contando como é na realidade e o que sentiu sobre o que foi falado de si."
Variação	Pode-se solicitar que cada um apresente a pessoa da esquerda a partir de um dado concreto, por exemplo: os sapatos que ela está calçando.
Observação	Se for um grupo terapêutico, essa apresentação pode ser desmembrada em vários trabalhos grupais ou individuais, dependendo dos conteúdos que forem aparecendo.
Perguntas	- O que fazer se alguém disser que não imagina nada a respeito da pessoa ao seu lado, que não sabe o que dizer? R. Pode-se pedir que ela fale a partir dela, por exemplo: se eu vestisse um sapato assim seria porque eu gosto de estar confortável. - O que fazer se a pessoa disser que a observação feita não tem nada a ver consigo? R. Pode-se explorar com o cliente sobre alguma hipótese relacionada à sua ação que desencadeou essa percepção do seu vizinho.

Título	⑧ GRADE DE FANTASIAS
Objetivo	Propiciar a apresentação entre as pessoas no primeiro encontro. Levantar os padrões de avaliação do grupo, preconceitos, auto e heteropercepção.
Código	G
Material	Quadro ou papel grande para montar a grade de forma que todos possam ver.
Consignas	"Cada um deve fornecer dados para preencher essa grade (mostrar), a partir das fantasias que têm a respeito de cada pessoa do grupo." "Um a um, vão se propondo a ser o foco, e cada um fala sobre as fantasias que tem sobre a pessoa em foco, até que todos tenham sua grade completa." Em seguida, as fantasias do grupo são comprovadas ou não a partir do esclarecimento de cada pessoa.
Variação	A grade sugerida pode ser modificada de acordo com as características do trabalho.
Observações	Monta-se uma grade para cada pessoa, com vários dados significativos, por exemplo: nome, profissão, objetivo de vida, razão de estar ali, o que gosta. É uma técnica mais adequada para grupos terapêuticos.
Pergunta	- O que fazer se aparecerem aspectos difíceis de algum participante? R. Por ser mais adequada a grupos terapêuticos, há a possibilidade de se trabalhar com as emoções e com os padrões dos participantes.

Exemplo de grade

Fantasiado (de quem se fala)	Profissão	Objetivo de vida	O que gosta	O que não gosta	Fantasiador (quem fala)

Título	⑨ **LIVRAR-SE DAS DIFICULDADES**
Objetivo	Permitir que o cliente amplie sua visão sobre determinada dificuldade e, a partir da reflexão, perceba novas possibilidades.
Código	I C F G
Material	Papel e caneta.
Consigna	"Liste todas as possibilidades de se livrar dessa dificuldade com a qual estamos trabalhando, mesmo que sejam ideias que você considere fora de cogitação ou impossíveis e fantasiosas."
Variação	É possível fazer a lista na sessão ou em casa.
Observações	Trazer como tarefa ou realizar com o terapeuta, dependendo das dificuldades do cliente de flexibilizar e ampliar a visão. A possibilidade de pensar sobre determinada dificuldade sem preconceitos, ou seja, considerando também possibilidades absurdas, abre para outras que são mais viáveis, pois flexibiliza os ângulos de visão.
Pergunta	- O que fazer quando o cliente não enxerga nenhuma possibilidade? R. Pode-se lançar desafios paradoxais, incentivá-lo a usar a criatividade, dar modelos de coisas absurdas.

Título	⑩ O QUE EU GANHO?
Objetivos	Propiciar conscientização de algumas das razões que dificultam a realização de mudanças. Flexibilizar a compreensão linear de sintomas e dificuldades.
Código	I C F G
Material	Papel e caneta.
Consigna	"Liste todos os ganhos que você tem com essa situação."
Variação	Pode-se pedir que o cliente traga como tarefa ou realize na sessão.
Observação	Essa técnica é uma possibilidade do cliente enxergar as formas que usa para manter o sintoma ou a dificuldade. A base para trabalhar desta forma é a crença de que todas as situações têm ângulos opostos e complementares. Por exemplo: trazem ganhos **e** perdas, são positivos **e** negativos.
Pergunta	- O que fazer quando a pessoa não enxerga o seu ganho? R. É importante levantar hipóteses de possíveis ganhos no funcionamento do cliente; se ele não vê, cabe ao terapeuta auxiliar.

Título	**(11) EMOÇÕES NO DIA A DIA**
Objetivos	Definir objetivos da terapia. Aumentar a consciência do cliente sobre como ele lida com as emoções.
Código	I C F G
Material	Papel e caneta.
Consigna	"No seu dia a dia, avalie e liste quais as emoções que mais lhe atrapalham, com quais você sente mais dificuldade em lidar e o que você faz quando elas aparecem."
Variação	É uma técnica que pode ser utilizada na sessão, mas é mais indicada como tarefa de casa; é mais produtivo fazer com um intervalo de tempo razoável para que as emoções apareçam.
Observação	Caso o cliente apresente limitação/dificuldade para enxergar suas emoções, trabalhar na sessão.
Pergunta	- O que fazer se o cliente já souber quais são as emoções que o atrapalham? R. Pode-se trabalhar a mesma técnica, mas já definindo a emoção que deverá ser mapeada.

Título	⑫ **SEM RECEIO**
Objetivos	Flexibilizar a compreensão linear de sintomas ou dificuldades. Avaliar outras possibilidades de ação e possíveis acontecimentos na presença ou ausência de uma determinada emoção.
Código	I C F G
Material	Papel e caneta.
Consigna	"Liste o que você imagina que faria ou que aconteceria se não tivesse mais esse sentimento (descrevê-lo)."
Variação	Pode ser utilizada para trabalhar vários sentimentos como: raiva, ciúme, insegurança, culpa.
Observação	Se o cliente estiver realmente envolvido no processo, faz a tarefa como uma possibilidade de abrir novos caminhos. Se o cliente ainda estiver esperando que o terapeuta lhe dê a receita, pode não fazer a tarefa com realismo.
Pergunta	- O que fazer se a pessoa não conseguir imaginar? R. Cabe ao terapeuta auxiliar o cliente a enxergar essas opções; deve fazer isso de acordo com o funcionamento do cliente, sendo provocativo, continente, racional ou estimulante, dependendo do que seja mais útil.

Título	(13) **RISCOS**
Objetivos	Possibilitar ao cliente avaliar concretamente, no meio externo, os riscos de uma mudança. Prevenir riscos, evitando que o cliente se exponha, excessivamente, nas mudanças que deseja.
Código	I C
Material	Papel e caneta.
Consigna	"Pergunte às pessoas envolvidas na situação o que elas fariam se você mudasse seu comportamento, que riscos você correria e que ganhos teria."
Variação	No caso do cliente não querer ou não ter para quem perguntar, pode-se trabalhar só com as suas próprias hipóteses.
Observação	Trabalhar a técnica por escrito, em colunas, ou seja, uma linha para cada pessoa envolvida, explorando todas as possibilidades e riscos. A partir dessa análise, fazendo os ajustes necessários, o cliente pode chegar a um outro caminho satisfatório.
Pergunta	- Quando o terapeuta não deve utilizar essa técnica? R. Quando o fato do cliente fazer as perguntas em seu contexto puder colocá-lo em risco.

Exemplo de colunas

Nome da pessoa pesquisada	O que ela faria?	Que riscos eu correria?	Que ganhos eu teria?

Título	⑭ **PAINEL TEMÁTICO**
Objetivos	Treinar a família para trabalhar em conjunto. Proporcionar um meio de trabalhar simbolicamente determinado tema, mais na forma do que no conteúdo.
Código	F
Material	Caixa contendo recortes variados.
Consignas	"Cada membro da família escolhe uma figura que simbolize o tema levantado na sessão." "Todos vocês levam essa figura para casa e, juntos, da maneira como acharem melhor, vão compor um painel, colocando-o em um lugar público da casa."
Variação	É possível solicitar que a família faça um painel a partir de desenhos feitos na sessão sobre o tema trabalhado.
Observação	Na sessão seguinte, explorar tudo que aconteceu: quem iniciou o movimento de montar o painel, quem ficou resistente, como foi a montagem do painel, o que foi fácil, o que foi difícil, houve ou não consenso, como lidaram com as situações que surgiram, onde colocaram o painel, entre outros aspectos.
Pergunta	- A família pode conversar em casa sobre como montar o painel? E sobre o tema da sessão? R. Depende do que se está querendo trabalhar. Se a discussão sobre a sessão e sobre o conteúdo do tema for uma aprendizagem importante, pode-se deixar que façam como quiserem ou prescrever que conversem sobre o painel e também sobre o que aconteceu na sessão. Por outro lado, dependendo da aprendizagem que a família necessita desenvolver, pode ser melhor que o trabalho seja somente simbólico, sem expressão verbal durante a montagem do painel. O trabalho verbal pode ou não ser retomado na sessão seguinte.

Título	⑮ **LIMPANDO SENTIMENTOS**
Objetivos	Proporcionar ao cliente conscientização e elaboração de sentimentos presentes que dizem respeito a situações passadas. Possibilitar o desprendimento dessas emoções para o movimento na direção de mudança.
Código	I F G
Material	Caixa contendo recortes variados.
Consignas	"Dentro da caixa, procure figuras que representem o sentimento que está presente." "Como tarefa, leve essas figuras para casa e queime uma figura por dia até que elas acabem, sempre mentalizando que, junto com a figura, está queimando o sentimento que está representado nela."
Variação	Pode ser usada para qualquer sentimento: medo, mágoa, raiva, entre outros.
Observação	Na sessão seguinte, explorar como foi o processo de queimar, em que coisas o cliente pensou, que coisas sentiu, o que fez.
Perguntas	- O que fazer se a pessoa não acredita que isso vá ajudar? R. Depende do padrão de funcionamento do cliente. O terapeuta deve avaliar qual intervenção será útil. Por exemplo: "Se você não acredita, eu acredito; pode fazer." Se o cliente não aceitar fazer, o terapeuta deve procurar outra estratégia. - O que fazer se a pessoa não queimar as figuras? R. Avaliar com o cliente o porquê de não ter queimado e, dependendo do caso, propor queimar na sessão ou criar outra forma de trabalhar com as figuras.

Título	⑯ **LEMBRETE**
Objetivo	Conscientizar/lembrar o cliente sobre a necessidade de se fazer um determinado aprendizado.
Código	I C F G
Material	Caixa contendo recortes variados.
Consigna	"Escolha uma ou mais figuras como lembrete para trazer à memória a aprendizagem que você precisa fazer. Mantenha a(s) figura(s) num lugar que você veja sempre e, cada vez que olhar para ela(s), avalie como está o processo de aprendizado."
Variação	Em vez de escolher figuras, o lembrete pode ser um desenho que o cliente tenha feito na sessão ou uma fita que o terapeuta forneça ao cliente e que ele possa amarrar em seu pulso ou em outro lugar que veja sempre.
Observação	Na sessão seguinte, avaliar como está o processo de aprendizado, como o lembrete está auxiliando, o que o cliente já aprendeu, o que lhe falta aprender, entre outros itens.
Pergunta	- O que fazer com as figuras depois de realizar o aprendizado? R. Pode-se guardar, jogar fora ou trabalhar metaforicamente. Por exemplo: enterrar em um local onde cresçam plantas, para que seja possível multiplicar essa aprendizagem.

Título	⑰ **CAIXA MÁGICA**
Objetivo	Proporcionar o desenvolvimento da consciência sobre questões importantes da vida.
Código	I C G F
Material	Caixa contendo recortes variados.
Consignas	"Feche os olhos e retire da caixa uma figura que representará o que você está precisando aprender neste momento." "Agora, retire outra figura que simbolizará o que está lhe impedindo de fazer tal aprendizagem." "Leve as figuras para casa e queime-as da seguinte maneira: primeiro a que representa o que está lhe impedindo e depois a que representa o que você precisa aprender."
Variação	Pode-se prescrever outros atos metafóricos para serem feitos com as figuras. Por exemplo: que o cliente coloque embaixo do travesseiro, que deixe em lugar visível para estimular a reflexão sobre o assunto, que queime ou rasgue e jogue em água corrente a figura que simbolize o que está lhe impedindo e fixe em algum lugar visível a figura que simbolize o que precisa aprender.
Observação	É necessário ficar atento para que o cliente não ache que é uma mágica, e sim deixar claro que é um trabalho com aspectos inconscientes, que serve para dar dicas e facilitar enxergar o padrão de funcionamento e as aprendizagens necessárias.
Pergunta	- O que fazer se o cliente começar a "interpretar" as figuras? R. Na maioria das vezes, o cliente faz isso porque o terapeuta deu margem para esse tipo de elucubração. O cuidado que o terapeuta deve ter é de deixar claro que é um trabalho simbólico, com questões inconscientes, e evitar interpretações inúteis.

Título	⑱ **BOM X RUIM**
Objetivo	Levantar pontos negativos e positivos de uma determinada situação.
Código	I C
Material	Caixa contendo recortes variados.
Consignas	"Escolha, na caixa, figuras que simbolizem coisas boas e ruins da situação que estamos trabalhando." "Leve-as para casa, cole-as numa folha em branco e escreva as coisas boas e ruins simbolizadas por cada figura."
Variação	Pode-se prescrever que queime aquela que simboliza o negativo e escreva ao lado da outra figura os aspectos positivos.
Observações	Na sessão seguinte, avaliar os prós e contras da situação. A avaliação deve ser feita considerando o sistema de valores do cliente e o que é funcional para ele naquele momento. Essa técnica pode ser usada para explorar determinada situação e facilitar uma escolha (pesar prós e contras e tomar a decisão) ou para fazer a análise de uma situação que é fato, não irá mudar (perda do emprego, por exemplo), mas é necessário o cliente aceitar e fazer bom uso dela.
Pergunta	- E se o cliente não fizer a ligação das figuras com as situações? R. A técnica é uma forma de fazer essa ligação. O terapeuta pode auxiliar levantando hipóteses.

Título	⑲ **HISTÓRIA COM RECORTES**
Objetivos	Proporcionar ao cliente, de forma simbólica, uma visão de sua história de vida, para ampliar seus pontos de vista. Definir objetivos da terapia e aprendizagens necessárias.
Código	I G C F
Material	Caixa contendo recortes variados, cartolina e cola.
Consigna	"Escolha vários recortes e monte a sua história de vida."
Variação	Pode-se pedir que o cliente arranje as figuras de forma a mostrar como gostaria que sua vida tivesse sido ou então o que quer que seja diferente desse momento para frente.
Observação	No trabalho verbal, pode-se explorar em cada situação: como ocorreu, como gostaria que tivesse sido, o que acha que poderia ter feito diferente na ocasião, como desencadeou determinado fato, etc.
Pergunta	- Como usar essa técnica nas diferentes situações? R. Com casais, pode-se utilizar a técnica de duas formas: cada membro do casal faz a história do casal e depois se compara e conversa sobre o que foi feito ou o casal em conjunto faz uma história única. Com família, é solicitado que todos juntos façam uma história única ou cada um faz a sua e compartilham, fazendo ou não a da família. Com grupos, solicita-se que cada participante faça a sua.

Título	⑳ **CRIANDO HISTÓRIAS**
Objetivos	Auxiliar o terapeuta a enxergar o funcionamento do cliente. Abrir novas etapas de trabalho terapêutico.
Código	I
Material	Recortes variados, papel, lápis de cor, cartolina e cola.
Consigna	"Escolha diversos recortes, crie e escreva uma história sobre eles."
Variação	Pode-se pedir que o cliente faça um desenho e crie uma história a partir dele.
Observação	É uma técnica útil para os momentos em que o processo dá uma parada, e o terapeuta precisa de dados para continuar ou fazer intervalos maiores na terapia.
Pergunta	- Como trabalhar a partir do que o cliente fizer? R. Durante o trabalho verbal, após explorar a história, pedir que o cliente reflita sobre o que pode ser relacionado com a sua história e com o momento presente, incluindo as aprendizagens necessárias.

Título	㉑	**LEMBRANÇAS DO PASSADO**

Objetivos	Propiciar a circulação de sentimentos dentro da família. Auxiliar o terapeuta a perceber a forma de comunicação e feedback dentro da família/grupo e como ela trata as diferentes situações.
Código	F
Material	Caixa contendo recortes variados.
Consignas	"Cada um escolhe, dentro desta caixa, o numero de figuras correspondente aos membros que formam sua família. Em seguida, usando uma figura para cada membro, relata um momento de felicidade que ocorreu entre vocês no passado." "Cada um fala sobre as figuras e os sentimentos."
Variações	Dependendo do que se está trabalhando, pode ser pedido um momento de mágoa, de intimidade, etc. Pedir que cada membro escolha uma figura que represente um momento de felicidade e uma figura que represente um momento de mágoa.
Observação	No trabalho verbal, o terapeuta questiona cada membro sobre o que percebeu sobre seu padrão de comunicação, sobre como cada um critica ou elogia o outro, o que considera situações fáceis ou difíceis e como lida com isso. Também é possível explorar como cada um acredita que receberia mais tranquilamente o feedback do outro.
Pergunta	- Qual é o risco de virem à tona conflitos mais sérios das relações? R. Todas as técnicas que trabalham com trocas podem facilitar que os conflitos sejam expressos; essa é uma das tarefas da terapia. Entretanto, se o terapeuta achar que não é hora para isso, deverá dar consignas mais delimitadas, que evitem os confrontos, ou não usar as técnicas.

Título	㉒ **DÉBITO E CRÉDITO**
Objetivos	Estimular o cliente a perceber que todos têm qualidades e defeitos. Treinar a troca entre as pessoas, como forma saudável de crescimento.
Código	C F G
Material	Caixa contendo recortes variados.
Consignas	"Escolha duas figuras que simbolizem características suas: uma qualidade e um defeito." "Agora, cada um, na ordem que vocês escolherem, distribui suas figuras da seguinte maneira: dá sua qualidade a alguém que pode fazer bom uso dela; dá seu defeito a quem quer pedir ajuda para resolver a questão." "Compartilhem os sentimentos após as trocas."
Variação	Pode-se trabalhar só com a qualidade ou só com o defeito, dependendo do foco do trabalho no momento.
Observação	Explorar no trabalho verbal a noção de sistema e de que as relações são circulares, e não lineares.
Pergunta	- O que fazer com as figuras? R. Pode-se trabalhar simbolicamente com elas, por exemplo: queimando, enterrando, guardando num lugar especial.

Título	㉓ CONTANDO HISTÓRIAS
Objetivo	Auxiliar o terapeuta a avaliar o padrão de funcionamento da família/do grupo.
Código	F G
Material	Recortes de revistas, cartolina, tesoura e cola.
Consignas	"Escolham recortes desses e façam uma colagem." Quando terminarem, solicitar: "Agora, vocês devem contar uma história sobre sua colagem; um de vocês começa, e cada um continua contribuindo com um pedaço da história. Cada um pode falar quantas vezes quiser."
Variação	Pedir que contem uma história que misture fatos reais, que aconteceram com a família/o grupo, e fatos imaginários.
Observação	Além de avaliar o padrão de funcionamento do cliente, essa técnica pode fornecer outros dados sobre a interação das pessoas: forma de comunicação, hierarquia, liderança, poder, etc.
Pergunta	- O cliente pode conversar enquanto estiver fazendo a montagem? R. Sim, pode funcionar como preferir.

Título	**(24) RISCAR SENTIMENTOS**
Objetivo	Possibilitar ao cliente uma melhor compreensão de um sentimento, sua expressão e sua elaboração.
Código	I
Material	Papel grande (A3) e giz de cera.
Consignas	"Escolha três cores de giz de cera que simbolizem a dificuldade que estamos trabalhando. Com uma cor de cada vez, risque o papel com força, com rapidez e de forma a ocupar o maior espaço do papel. Risque até sentir que é suficiente, que drenou todo o sentimento para o papel." Quando o cliente terminar de riscar, solicitar: "Diga um número de 1 a 10 e, em seguida, corte o papel em pedaços conforme o número escolhido." Prescrever como tarefa de casa: "Você deve queimar um pedaço do papel por dia, mentalizando que sua dificuldade está sendo consumida." Na sessão seguinte, explorar com o cliente como foi a tarefa e como está a dificuldade.
Variações	Pedir que o cliente leve o papel para casa e queime de acordo com um prazo estabelecido. Por exemplo: queimar um pedaço por dia, um a cada oito horas, um a cada hora. Também pode trazer um pedaço de cada vez para queimar nas sessões seguintes. Pedir para escrever uma palavra que simbolize a dificuldade e riscar em cima. Dar continuidade como descrito acima.
Observação	Não aplicar em começo de processo, pois como não se conhece o padrão do cliente não se pode prever sua reação.

Perguntas	- Como definir se deve queimar todos os pedaços de uma vez ou aos poucos? R. Se o cliente estiver trabalhando uma situação que impeça o desenrolar do processo (ciúmes, medos, apego ao passado), é possível solicitar que ele congele o papel riscado. Estando congelado, o cliente pode experimentar como é viver sem aquele sentimento, além de experimentar novos sentimentos permitidos. Após um tempo, fazer a pergunta-chave: "Você quer se ver livre disso?" Em caso afirmativo, se estiver bem consciente do sentimento, descongelar e queimar tudo de uma vez. Se isso não ocorrer, queima-se aos poucos. - Como lidar com o número de cores que pode ser escolhido? R. Quando a dificuldade ou o sentimento tiver nome, pede-se que o cliente escolha uma cor. Quando é uma sensação, sem estar bem definida, pede-se que escolha de duas a três cores.

Título	㉕ **SEMPRE, ÀS VEZES, NUNCA**
Objetivos	Auxiliar o terapeuta a avaliar crenças e valores do cliente. Proporcionar ao cliente tomada de consciência do seu padrão de comportamento, a fim de perceber possível influência ou impedimento nas situações atuais.
Código	I C F
Material	Papel e caneta.
Consigna	"A respeito da situação que estamos trabalhando, faça uma lista com: - o que você faz sempre; - o que você só faz às vezes; - o que você nunca faz."
Variações	Solicitar que o cliente liste coisas que gostaria de fazer na situação. Solicitar que o cliente liste o que outras pessoas que ele conhece fazem nessa situação.
Observação	Essa técnica permite uma vasta exploração, que pode resultar em um aumento de repertório para novas ações do cliente.
Pergunta	- Como aplicar essa técnica com casais e família? R. Com casais, pedir que listem o que acontece em determinada situação do convívio, por exemplo: em relação à educação dos filhos. Com famílias, pedir a tarefa com uma situação que envolva todos os membros que a compõem. Podem fazer na sessão ou levar como tarefa para casa.

Título	㉖	**BOLA DE FOLHAS**
Objetivo		Possibilitar que o cliente lide de forma menos racional com sentimentos, sintomas e impedimentos.
Código		I
Material		Revistas.
Consignas		O terapeuta arranca uma folha do meio da revista e entrega ao cliente, dizendo: "Faça uma pequena bola bem apertada. Esta bola representa o assunto que estamos trabalhando. Vou lhe dar folhas de revista e você acrescenta cada folha, apertando fortemente, formando uma bola de papel, enrolando uma folha de cada vez em volta da bola, fazendo camadas, passando para o trabalho todas as energias e emoções que estão ligadas ao tema. Quando sentir que está suficiente, que passou toda a energia da situação para o papel, você pode parar." O terapeuta vai tirando folhas e passando ao cliente até que ele peça para parar. "Leve a bola para casa e, a partir de amanhã, retire da bola e queime uma folha por dia; jogue as cinzas na pia e abra a torneira para que a água corrente as leve, de forma que a questão vá sendo consumida."
Variação		Dependendo da questão que está sendo trabalhada, pode-se pedir que o cliente queime uma folha a cada dois dias, a cada semana ou na frequência que ele quiser.
Observações		A técnica só deve ser aplicada após um trabalho verbal sobre o tema e após o terapeuta ter verificado se o cliente realmente quer fechar a situação, eliminar a emoção presente. É importante que o cliente saiba que não é brincadeira ou mágica, mas um trabalho simbólico do que ele está precisando fazer ou aprender.
Pergunta		- O que fazer se o cliente parar de queimar as folhas? R. De vez em quando, o terapeuta deverá perguntar sobre o andamento da tarefa. Se o cliente parar, perder a bola, ou acontecer outro fato que interfira na tarefa, o terapeuta deve rever a intenção da técnica, o que se está trabalhando e redefinir a situação.

Título	㉗ VARIAÇÕES DO JOGO DE MEMÓRIA
Objetivos	Auxiliar o terapeuta a levantar o padrão de funcionamento do cliente, enfocando diversos aspectos: limites, regras, competição, colaboração, concentração, etc. Facilitar uma maior compreensão do cliente em relação a si mesmo. Treinar novos comportamentos.
Código	C F G
Material	Jogo de memória.
Consigna	"Vocês vão jogar o jogo da memória. Cada vez que alguém acertar um par, tem o direito de fazer uma pergunta que nunca fez para um membro da família (do grupo ou para seu par)."
Variações	Mudança na consigna: "Cada vez que alguém acertar o par, deve falar alguma coisa que nunca foi dita para todos." Em função das necessidades do sistema, pode-se usar o jogo para trabalhar com regras e limites, criando-se novas regras em conjunto, um dos participantes definindo nova regra, flexibilizando ou enrijecendo as regras existentes. Pode-se usar outro jogo ou baralho em vez do jogo de memória.
Observação	Após o jogo, o terapeuta deve fazer circular e trabalhar as situações ocorridas durante o jogo, tais como: postura física, participação, respeito ou não às regras, forma como acontecem as perguntas e respostas, etc. A forma como o cliente joga, seja família, grupo ou casal, mostra o seu padrão de funcionamento.
Pergunta	- Como agir se a pessoa que fechar o par não quiser fazer perguntas? R. Dependendo do objetivo e do funcionamento do sistema, pode-se passar adiante e discutir-se o fato no trabalho verbal, após o jogo. O importante é que esse funcionamento fique registrado, e possa ser trabalhado não o porquê do comportamento, mas os encadeamentos anteriores e posteriores a ele.

Título	㉘ **QUEDA DE BRAÇO**
Objetivo	Possibilitar a vivência e a percepção do funcionamento em temas como: potência e impotência, competição, menos valia, ganhar e perder, aproximação, competição dentro das regras.
Código	C F G
Material	Espaço adequado.
Consigna	"Sentem-se de frente um para o outro e coloquem-se em posição para jogar queda de braço."
Variação	Queda de braço jogada dedo a dedo ou corpo a corpo.
Observação	Esse jogo, como todos os jogos sociais, pode ser adaptado a vários focos e objetivos dentro da terapia.
Pergunta	- Como utilizar o jogo com grupos e famílias? R. Pode-se fazer escolhas de duplas aleatórias e montar campeonatos, estipulando que o perdedor saia do jogo. A família/o grupo pode também estipular regras e fazer escolhas.

Título	㉙ **CABO DE GUERRA**
Objetivo	Levantar o padrão de funcionamento do cliente em temas como: potência e impotência, competição, sensação de menos valia, ganhar e perder, aproximação, competição dentro das regras, limites.
Código	C F G
Material	Corda.
Consigna	"Dividam-se em dois grupos. Cada qual segura em um lado da corda e puxa para si. O grupo que conseguir que o outro venha para seu lado, ultrapassando a linha estabelecida no chão, ganha."
Variações	Quando a técnica for utilizada com casais, pode-se utilizar um lenço amarrado no pulso de cada um ou pode ser realizada com uma toalha. Também pode ser utilizado com barbante amarrado nos dedos. Quando for em grupo ou família, pode-se colocar várias pessoas de cada lado, determinar times, colocar pessoas para ajudar.
Observação	Esse jogo, como todos os jogos sociais, pode ser adaptado a vários focos e objetivos dentro da terapia.
Pergunta	- O que trabalhar depois de jogarem? R. É um jogo que traz à tona a forma como os participantes lidam com competição, disputa, força, entre outros aspectos. A partir do jogo e dos comentários que trouxerem, vai-se mapeando a forma como eles funcionam e o que precisam flexibilizar e aprender nessas situações.

Título	㉚ **CABRA-CEGA GRUPAL**
Objetivos	Proporcionar, para a família ou o grupo, contato físico, exposição e expressão de afetos de forma lúdica. Levar os clientes a experimentar novas possibilidades.
Código	F G
Material	Espaço adequado e várias vendas para os olhos.
Consigna	"Vou vendar todos vocês, colocá-los distribuídos na sala, e vocês devem seguir as ordens que forem dadas." O terapeuta dá as consignas de acordo com os temas que está querendo trabalhar. Por exemplo: tocar-se mutuamente e descobrir quem são, pisar nos pés, bater em determinadas partes do corpo, acariciar o rosto, bater nas mãos, etc.
Variação	O terapeuta venda todos os participantes e, durante a brincadeira, tira a venda de um deles e segue a brincadeira; em seguida, venda essa pessoa novamente e desvenda outra, seguindo o mesmo processo.
Observação	Nos comentários, o terapeuta deve ficar atento para que as pessoas percebam sua forma de funcionar nas várias situações e possam relacionar isso com o funcionamento nas relações, sintomas e dificuldades que estão vivendo.
Pergunta	- O que fazer se aparecer muita agressividade? R. O terapeuta deve ficar atento para que a agressividade fique no terreno do lúdico, sem machucar alguém. Se houver o risco de isso acontecer, suspende-se o jogo e propõe-se uma conversa sobre o assunto. Como é um trabalho que mostra todas as nuances do funcionamento, o terapeuta deve anotar todos os comportamentos para discutirem e relacionarem com a vida real.

Título	㉛ **CEGO E GUIA**
Objetivo	Levantar o padrão de relação de confiança/entrega entre o casal sem utilizar a linguagem verbal.
Código	C
Material	Espaço adequado.
Consigna	"Um de vocês fecha os olhos e deixa-se conduzir pelo parceiro que vai lhe guiar por este espaço." No momento seguinte, inverter os papéis.
Variação	Sugerir a quem estiver conduzindo que realize movimentos que simbolizem as dificuldades do dia a dia.
Observação	Nos comentários, explorar o que cada um sentiu e pensou em cada papel, se ficou com os olhos fechados, se confiou, se ficou com medo, etc. Relacionar com o dia a dia, com sintomas e dificuldades que eles têm.
Pergunta	- O que fazer se um participante ficar abrindo os olhos o tempo todo? R. Pode-se falar no meio da técnica e perguntar à pessoa sobre o que está acontecendo e qual sua dificuldade para fechar os olhos, verificando o que pode ser feito para que possa fechá-los. Também é possível deixar a técnica correr, pontuando somente no final, durante o trabalho verbal.

Título	㉜ **MONTAGEM DE UMA CASA**
Objetivo	Avaliar e identificar o padrão de funcionamento da família e definir as aprendizagens que necessitam ser feitas.
Código	F
Material	Caixa com pedaços de madeira, de diversos tamanhos e formatos, mobílias em miniatura, bonecos em vários tamanhos e formas, utensílios domésticos.
Consigna	"Com esse material, peço que montem uma casa."
Variação	Pedir que montem uma casa com ícones ou com gravuras.
Observação	É uma técnica excelente para primeira sessão de família. O terapeuta deve ficar atento e observar como acontecem as relações, a comunicação, como eles lidam com a hierarquia, com as opiniões diferentes, com o poder.
Pergunta	- O que fazer se perguntarem que tipo de casa, qual casa ou como fazer a casa? R. Responder: "Como vocês quiserem, como vocês acharem melhor." É importante que sintam liberdade para realizar a tarefa, sem se incomodar com a qualidade da construção, pois seu funcionamento é que vai ser observado.

Título	㉝ **ZOOLÓGICO**
Objetivos	Possibilitar ao terapeuta avaliar e identificar o padrão de funcionamento da família e definir as aprendizagens que necessitam ser feitas. Proporcionar à família a auto e heteropercepção entre seus membros.
Código	F
Material	Lápis preto, papel e quadro ou papel grande para que se possa fazer a grade de levantamento.
Consigna	"Cada um vai desenhar animais que representem a si mesmo e cada membro da família." Após desenharem, cada um mostra seus desenhos e compartilha a vivência.
Variações	Após o desenho e o compartilhamento, pode-se pedir que dramatizem os animais. Pedir que cada um desenhe a si mesmo e a cada membro da família como um instrumento musical ou como um objeto.
Observações	É uma técnica indicada para primeira sessão de família. Indicada para famílias com crianças ou pré-adolescentes. Durante o trabalho verbal, é importante fazer circular: a razão pela qual cada um escolheu e desenhou esses animais; as características de cada animal, usado para lhe representar, com as quais cada um se identifica; as características que identifica no outro. Avaliar na forma (o jeito de desenhar os animais – pequeno, grande, amontoado) e no conteúdo (as conotações que cada animal tem, os sentimentos presentes quando estavam desenhando e quando estavam ouvindo).
Pergunta	- O que fazer se alguém se negar a desenhar? R. A postura do terapeuta numa situação dessas vai depender do que ele já percebeu do padrão de funcionamento da família. Por exemplo: se for uma família que vem por causa da desobediência de um filho, e ele se nega a desenhar, o terapeuta pode suspender a tarefa e lidar direto com o confronto; se não houver indicações anteriores, pode continuar com a técnica, deixando a pessoa de lado, e começar os comentários finais com o fato.

Título	**(34) DESENHO CONJUNTO**
Objetivo	Avaliar o padrão de funcionamento da família e definir as aprendizagens necessárias.
Código	F
Material	Cartolina ou papel em rolo e lápis.
Consigna	"Façam todos um desenho conjunto, sobre o que quiserem."
Variações	Em vez do desenho, pode ser uma escultura com argila ou colagem. Pode-se definir que seja só um desenho ou que cada um faça uma parte e o outro dê seguimento, dependendo do quê e de qual tema o terapeuta está querendo avaliar ou desencadear.
Observações	Pode ser utilizada na primeira sessão de família ou como instrumento para deixar vir à tona algum tema que está permeando as relações. Após o desenho, pedir que todos compartilhem o que sentiram, o que pensaram e o que perceberam. O terapeuta deve ficar atento à maneira como a tarefa é realizada, ou seja, quais são as interações, os movimentos, os comentários que acompanham o desenho.
Pergunta	- O que fazer se eles perguntarem se é um desenho só? R. As técnicas que têm como foco avaliar o padrão de funcionamento devem ter as consignas bem abertas; a partir das perguntas dos clientes, pode-se incentivá-los a definirem o que fazer, dizendo que não existe um só jeito certo, o que eles decidirem será bom.

Título	㉟ **EXPECTATIVAS**
Objetivos	Levantar as expectativas da família em relação ao processo psicoterapêutico. Revisar e clarear com a família quais são os objetivos e as possibilidades reais de trabalho.
Código	F
Material	Cartolina ou papel em rolo e lápis.
Consigna	"Juntos façam um desenho do que esperam da terapia."
Variação	Pode ser feito com figuras e recortes, caixa de ícones ou outro material artístico.
Observações	Após o término do desenho, explorar as expectativas de cada um, ver quais pessoas têm a mesma expectativa, quais têm expectativas opostas, trazer as expectativas para a realidade, ligando com a disponibilidade de aprendizagem e mudança da família. Outras questões podem ser observadas durante a aplicação da técnica: o padrão de comunicação e o padrão de interação da família. É uma técnica para ser utilizada em primeira sessão de família.
Pergunta	- Eles devem fazer um só desenho ou cada um faz o seu? R. Como é uma técnica que serve para facilitar os comentários sobre as expectativas, o terapeuta deve deixar que eles escolham, sem interferir. A escolha já mostra aspectos do funcionamento da família.

Título	**㊱ DIFICULDADES DA FAMÍLIA**
Objetivos	Auxiliar o terapeuta a levantar as dificuldades da família naquele momento. Propiciar que a família reflita e tome consciência das suas dificuldades.
Código	F
Material	Cartolina ou papel em rolo e lápis.
Consigna	"Individualmente, façam um desenho que mostre as dificuldades da família nesse momento."
Variações	Pedir que escolham figuras que mostrem as dificuldades da família. Pedir que façam um desenho, individualmente, que mostre o que gostariam que fosse diferente na família.
Observação	Pode ser utilizada em primeira sessão de família ou em outro momento para avaliar processo.
Pergunta	- O que fazer se o desenho não mostrar as dificuldades? R. O desenho é, acima de tudo, um elemento intermediário para facilitar a conversa e a reflexão sobre as dificuldades. Mesmo que o tema não apareça explicitamente, os desenhos servem como pistas do funcionamento.

Título	㊲ O QUE EU PRECISO MELHORAR
Objetivos	Auxiliar o terapeuta a identificar as dificuldades individuais, dos subsistemas (fraternal, casal, pais) e da família como um todo. Proporcionar à família reflexão sobre suas dificuldades e estimular cada membro a assumir responsabilidade pela mudança.
Código	F
Material	Papel e lápis.
Consignas	"Por escrito, relate as dificuldades que você acredita que cada membro da família tem como mãe, como pai, como filho, como irmão." "Agora, relate quais são as suas dificuldades nos seus papéis dentro da família."
Variações	Solicitar que cada membro da família pergunte para o parceiro (para os pais e irmãos) sobre o que acha que deveria mudar em si próprio. Pedir que cada membro da família liste as suas principais características positivas e negativas.
Observações	Essa técnica pode ser utilizada como tarefa de casa ou pode ser realizada na sessão. Antes de fazer circular as dificuldades, é útil o terapeuta esclarecer que o feedback é importante e que o objetivo é crescimento, pois todos têm pontos em que podem melhorar. Quando todos estiverem com as listas prontas, compartilhar as diversas opiniões, comparar e identificar as dificuldades que mais se repetem, as que são contraditórias, as que não são aceitas.
Pergunta	- O que fazer se alguém se negar a fazer a tarefa? R. Essa tarefa deve ser utilizada quando a família tem intenção de crescimento e desejo real de mudança. Caso contrário, as pessoas podem utilizá-la para ataques mútuos, com aval do terapeuta e sem utilidade para a tomada de consciência e a mudança. Se alguém não fizer a tarefa proposta, estará trazendo à tona o funcionamento da família, seus conflitos e confrontos. Então, pode-se começar por aí.

Título	㊳ **MAPA DA MINA**
Objetivos	Proporcionar à família a oportunidade de refletir e conscientizar-se sobre suas dificuldades, sobre o que a mantém e o que é necessário aprender para ocorrer mudança. Auxiliar o terapeuta a levantar as dificuldades a serem trabalhadas e a identificar o padrão de funcionamento da família, verificando como tais dificuldades estão inter-relacionadas sistemicamente.
Código	F
Material	Papel e lápis.

Consigna	"Cada um de vocês deve fazer uma lista, em quatro colunas, contendo:
	
	    1 - as dificuldades que tenho na família;
	    2 - as desvantagens que elas me trazem;
	    3 - as vantagens que tenho com elas;
	    4 - o que preciso aprender para fazer mudança."

Variação	Pode-se trabalhar pedindo os quatro itens juntos ou em três etapas: primeiro o item 1; depois os itens 2 e 3; em outro momento, o item 4.
Observações	Após todos terminarem de preencher as colunas, pedir que compartilhem as informações; os membros da família podem dizer se concordam ou não, como veem a dificuldade que está sendo colocada, como essa dificuldade atrapalha ou ajuda cada um da família, qual a colaboração de cada um para que a pessoa que está se colocando tenha e mantenha aquela dificuldade. A parte escrita pode ser usada como tarefa de casa, para ser compartilhada na sessão, ou a técnica pode ser aplicada de forma completa na sessão.
Perguntas	- O que fazer se algum membro diz que não tem dificuldade? R. Nesses casos, pode-se lidar com a pertinência à terapia e com as dificuldades reais de confronto.

Título	㊴ ÁRVORE GENEALÓGICA
Objetivo	Auxiliar o terapeuta a avaliar a forma da construção familiar e os conteúdos relacionais e emocionais na família do cliente.
Código	I C F G
Material	Papel de rolo, lápis, cola, tesoura, lápis de cor e cartolina.
Consigna	"Faça a sua árvore genealógica."
Variações	As marcas específicas da família podem ser diferenciadas por palavras, frases, cores, fotos, desenhos. Pode-se solicitar que o cliente monte a árvore genealógica de sua família com recortes de revistas. A árvore genealógica pode ser estruturada com a utilização de um tema específico que esteja sendo trabalhado naquele momento. Por exemplo: quem se separou na família, as mulheres que trabalhavam fora, as mulheres que mandavam nos homens, etc. No caso de atendimento de famílias, os seus membros podem fazer juntos uma só árvore genealógica ou cada um fazer a sua e depois checarem e juntarem os dados.
Observações	Quanto mais ampla for a consigna, há mais possibilidades de aparecer o padrão específico da família de origem. Pode ser utilizada em início de processo ou quando se está pesquisando as questões familiares relacionais ou míticas. Pode ser feita na sessão ou como tarefa de casa. Árvore Genealógica é diferente de Genetograma, pois a primeira leva em conta a forma de realização escolhida pelo cliente, e não só o conhecimento dos dados que o Genetograma traz.

Perguntas	- O que dizer se o cliente perguntar como é para fazer a árvore? R. Responder que ele pode fazer como quiser. Entretanto, se a forma utilizada impossibilitar a compreensão, pode-se auxiliá-lo a construir novamente, mostrando a organização de uma forma mais conveniente. - O que perguntar na exploração da árvore? R. Pode-se pesquisar muitos aspectos: quem casou, quem tem profissão, quem ganha seu próprio dinheiro, quem sustenta, quem mora junto, quem mora separado, quem é feliz, para quem os pais ligam quando têm problemas, quem deixa seus compromissos para atender os outros da família, quem adoece, quais são as doenças na família, etc. A escolha vai depender do objetivo: se for conhecer a estrutura familiar ou pesquisar algum dado específico.

Título	㊵ **LINHA DA VIDA**
Objetivos	Proporcionar ao cliente, e ao terapeuta, uma visão geral sobre como foi a sua vida até aquele momento, de forma organizada. Identificar padrões estabelecidos e aprendizagens necessárias.
Código	I C F G
Material	Papel e lápis.
Consigna	"Numa folha de papel do tamanho que você quiser, desenhe uma linha. Nela, o começo será o dia do seu nascimento e o final será o dia de hoje. Assinale nessa linha todos os acontecimentos, positivos e negativos, que foram marcantes para você."
Variações	A linha da vida também pode ser feita com figuras, fotos ou recortes. Pode-se solicitar linha da vida com questões específicas, tais como: ciclos de energia, relacionamentos, aspectos profissionais, etc.
Observações	Pode ser usada na sessão ou como tarefa de casa. A linha da vida é uma radiografia do padrão de funcionamento. A forma como é feita, o tamanho do papel escolhido, as cores usadas e outros aspectos são indícios de como o cliente funciona. A linha da vida pode ser utilizada no início do processo, para se conhecer a vida do cliente, assim como organizar os acontecimentos. Pode ser utilizada quando o cliente está confuso ou mesmo para ver o andamento do processo e as fases mais significativas. É importante observar: se há quebras na linha, se há grandes espaços ou intervalos vazios, se foi feita com cores ou canetas diferentes, se existem repetições, quais fatos provocam emoções fortes, de que forma o cliente reage ou reagiu a cada fato citado.

Pergunta	- Como utilizar essa técnica com famílias e grupos? R. Depende do objetivo. Com grupos, pode-se usar individualmente para cada cliente dentro do grupo ou pedir a linha da vida do grupo. Para famílias, pedir que organizem a linha da vida da família (o início da linha será quando o casal se tornou família) ou cada um faz a sua individual e depois juntam os dados e compartilham. Para casais, pode-se trabalhar linhas individuais ou LINHA DO CASAMENTO (p. 125).

Título	㊶ **PROJETO DE VIDA PARA DAQUI A 20 ANOS**
Objetivos	Propiciar ao cliente uma reflexão sobre como quer que seja sua vida no futuro e oportunizar a conscientização de que é necessário preparar esse futuro agora. Possibilitar ao cliente a percepção do seu padrão de funcionamento e estimular que ele assuma a responsabilidade sobre as aprendizagens que precisam ser feitas.
Código	I
Material	Papel e lápis.
Consigna	"Traga por escrito, na próxima sessão, seu projeto de vida nos mais diversos aspectos e em todos os seus papéis para daqui a 20 anos."
Variação	Projeto de vida da família, projeto de vida do casal, projeto de vida do grupo, projeto de vida pessoal, projeto da vida profissional, dependendo do que se está trabalhando.
Observações	Usar como tarefa e trabalhar na sessão. Sempre identificar aonde o cliente quer chegar e o que ele precisa fazer agora para que isso aconteça. É importante ter clareza de que um projeto de casal só é funcional se for trabalhado antes o projeto pessoal individual.
Pergunta	- Como usar essa técnica com casais e famílias? R. Com casais, pode-se pedir que cada um faça o seu projeto para daqui a 20 anos, e depois comparem os dois na sessão, ou pode-se pedir que os dois façam um projeto do casal. Com famílias, pede-se que cada um faça individualmente e depois comparem na sessão e/ou pede-se que todos façam juntos um projeto para a família.

Título	㊷ ESCULTURA DA SITUAÇÃO
Objetivos	Avaliar o momento atual do cliente. Resgatar os sentimentos presentes em uma situação.
Código	F
Material	Caixa contendo ícones.
Consigna	"Usando este material, mostrem, em forma de escultura, a situação que estamos trabalhando."
Variação	Pode-se usar caixa contendo nozes, tampas ou ainda outro material como argila e massa de modelar.
Observação	Essa técnica pode ser utilizada em início de processo, para levantar o momento do cliente, ou em outra etapa, para avaliar situações específicas e sentimentos. Após fazer a escultura, relatar as emoções e os pensamentos daquele momento.
Pergunta	- Cada um faz a sua ou a família toda faz uma escultura conjunta? R. Podem escolher como fazer.

Título	㊸ **ESCULTURA DO MOMENTO ATUAL**
Objetivos	Auxiliar o terapeuta a identificar o padrão de funcionamento do cliente e levantar pontos que necessitam ser trabalhados. Propiciar a circulação de conteúdos que não estão sendo verbalizados.
Código	C F G
Material	Espaço adequado.
Consignas	"Gostaria que vocês se levantassem e se movimentassem. Usando o próprio corpo, montem uma escultura do momento atual de vocês." "Entrem em contato com o que vocês estão sentindo, com seu corpo e com a posição que ocupam na escultura." "Agora, eu vou ocupar o lugar de cada um de vocês na escultura, e a pessoa que está sendo substituída vai olhar a escultura de fora em todos os seus lados e ângulos e depois retornar a sua posição." "Agora, um de cada vez, falem uma palavra que represente o que está acontecendo com vocês nesse momento." "Cada um perceba seu corpo e verifique se há alguma mudança que gostaria de fazer." "Podem desfazer a escultura e vamos comentar a experiência vivida."

Variações	A partir da proposta básica, pode-se dar consignas variadas e específicas de acordo com o funcionamento do sistema e com o que o terapeuta vê como importante para ser vivenciado. Por exemplo: trabalhar de olhos fechados, não usar o verbal, fazer movimentos sincronizados, fazer um solilóquio, cada um remodelar a escultura, etc. Após a escultura, pode-se pedir que cada um diga uma palavra sobre o que viu, uma palavra sobre o que sentiu, quais foram os sentimentos que aquela posição desencadeou, o que pode ver na sua posição, como percebeu os contatos e as relações. Após o trabalho corporal, exploram-se os sentimentos presentes naquele momento.
Observações	Pode ser usada em início de processo ou quando existe algo acontecendo e que não é falado. O terapeuta deve complementar com o que viu e marcar sua percepção.
Pergunta	- O que fazer se eles tiverem muita dificuldade em usar o corpo e tocar-se? R. Se esta dificuldade for extrema, deve-se evitar esta técnica. No entanto, se for uma dificuldade mais ligada à falta de hábito, o terapeuta deve estimulá-los a ousar e experimentar uma forma nova de relação.

Título	**㊹ CRIAÇÃO EM CONJUNTO**	
Objetivos	Avaliar o padrão de funcionamento do cliente. Propiciar ao cliente o treino de um comportamento. Conscientizar os participantes de alguma aprendizagem necessária.	
Código	C F G	
Material	Folhas em branco e canetas coloridas.	
Consigna	"Cada um escolha uma cor que o represente. Usando seu lápis, façam um desenho conjunto da seguinte forma: um começa, fazendo um traço, o próximo dá seguimento e assim por diante, até que todos achem que é suficiente."	
Variações	O desenho conjunto pode ser feito em partes, passando-se o papel de um para o outro, ou todos desenham ao mesmo tempo. Oferecer um papel grande, vendar as pessoas e perceber as relações durante o desenho. Oferecer um papel grande e duas canetas de cor diferente para cada um. As canetas devem ser usadas uma em cada mão. Quando o terapeuta quiser trabalhar conteúdos emocionais ou relacionais, pode pedir para que todos contem uma história a partir do desenho.	
Observações	Essa técnica é utilizada em início de processo. Quando terminam o desenho, pode-se perguntar qual é a sensação que as pessoas têm ao olhar o desenho, do que lembram. No trabalho verbal, pergunta-se como foi fazer o desenho e pontuam-se as questões a partir do que for sendo trazido pelo cliente. Pode-se relacionar a forma de fazer o desenho com a forma da família lidar com as questões na vida.	
Pergunta	- O terapeuta pode falar sobre o que viu no funcionamento do cliente? R. É mais útil deixar que as pessoas falem primeiro sobre o que perceberam em relação ao jeito como fizeram a tarefa. A partir dos comentários, o terapeuta vai acrescentando o que viu.	

Título	**㊺ SONHO CONJUNTO**
Objetivo	Incentivar a flexibilização e a organização familiar.
Código	C F G
Material	Espaço adequado.
Consigna	"Respirem profundamente... Agora, com todos relaxados, quero que vocês contem uma história na primeira pessoa, como se fosse um sonho em conjunto. Um começa, outro continua; cada um conta um pedaço. Cada um pode entrar no sonho quantas vezes quiser, para contar mais uma parte. Podem começar."
Variação	Pode-se pedir que cada um feche os olhos e vá entrando no sonho a medida em que se sentir confortável, sem uma preocupação pré-determinada com a ordem.
Observação	Essa técnica pode ser utilizada no início do processo psicoterapêutico, para avaliar o padrão de funcionamento, e em qualquer momento do processo, para desenvolver algum objetivo específico.
Pergunta	- Como organizar a aplicação da técnica? R. A escolha de quem começa pode ser decidida pelo terapeuta ou pelo grupo. Pode-se determinar ou não o tempo de cada um. Pode ficar definido que só participa quem quiser, dependendo sempre do objetivo e dos temas que estão sendo trabalhados.

Título	㊻ **TÉCNICA DO RABISCO**
Objetivos	Auxiliar o terapeuta a avaliar o padrão de funcionamento do cliente. Levantar conteúdos a serem trabalhados e que não estão explícitos.
Código	I C F G
Material	Papel grande (A3 ou maior) e lápis de cera coloridos.
Consignas	"Cada um de vocês vai pegar um giz de cera; sem pensar, comecem a rabiscar o papel, deixando o movimento fluir." "Agora, tentem identificar figuras no meio dos rabiscos."
Variação	Pode-se iniciar o trabalho definindo um tema pertinente ao momento ou situação: o que espera do processo, com qual objetivo veio para terapia, o que imagina que está precisando aprender.
Observação	Essa técnica é indicada para início de processo ou para momentos em que aparecem impasses.
Pergunta	- O terapeuta deve apontar as figuras que ele enxerga? R. O terapeuta vai avaliar a utilidade da sua interpretação. Se for auxiliá-los a relacionar com seus conteúdos e dificuldades, sim; caso contrário, não.

Título	㊼ **TRABALHANDO COM BALÕES**
Objetivo	Possibilitar ao terapeuta trabalhar a expressão da agressividade e outras emoções do cliente de forma lúdica e metafórica.
Código	I C F G
Material	Balões.
Consignas	"Cada um vai encher seu balão e fechá-lo. Vão experimentar jogá-los de forma leve, mantendo-os no ar, sem deixar que toquem o chão." "Usando o balão, vão expressando sua agressividade, aos poucos, socando, batendo no chão, nas outras pessoas." "Agora, vamos compartilhar a experiência, integrando-a com as questões e situações relacionais e pessoais do dia a dia."
Variações	Pode-se usar os balões para variados exercícios, entre eles: - mapeamento e trabalho com a respiração (encher o balão o quanto puder com um sopro só; encher até estourar); - competição (encher o maior balão; encher antes dos outros até estourar; estourar o balão dos outros, cuidando do seu); - expressão da agressividade (estourar o balão dos outros; forrar a sala com balões e estourá-los com socos, chutes e pulos); - treino de equilíbrio e leveza (manter os balões no ar); - cooperação (trabalhar juntos para manter os balões no ar).
Observação	Após o exercício, fazer circular os sentimentos, a percepção da sua respiração, as semelhanças e diferenças entre os participantes, o padrão de funcionamento no jogo e na vida.
Pergunta	- O que fazer se eles ficarem na brincadeira, sem levar a sério? R. Eles vão mostrar a forma como funcionam. Não há forma certa. O que acontecer na brincadeira será integrado, nos comentários, com as queixas, dificuldades e aprendizagens.

Título	㊽ **METÁFORAS**
Objetivo	Proporcionar ao cliente a tomada de consciência sobre aspectos do seu funcionamento.
Código	I C F
Material	Nenhum.
Consignas	"Ouça esta metáfora." (O terapeuta deve ler ou citar a metáfora.) "O que você percebe do seu funcionamento que pode ter relação com ela? Que alterações poderiam ser feitas na metáfora para mudar o encadeamento? Qual o paralelo com sua vida?"
Variações	Pode-se usar qualquer metáfora, desde que ela seja a explicitação do comportamento e do padrão do cliente. Eis algumas metáforas úteis: metamorfose da borboleta, trem que sai dos trilhos, rolo compressor, viver em cima do muro, correr atrás do rabo, empurrar com a barriga, plantar pimenteira verde.
Observação	Qualquer metáfora pode ser transformada em técnica.
Perguntas	- O que é uma metáfora nesse contexto? R. Algo ou algum acontecimento que tem funcionamento igual ao do cliente e fundamenta-se numa relação de semelhança entre o sentido próprio (do objeto ou ação real) e o figurado (do funcionamento do cliente). - Como trabalhar essa técnica? R. Fazendo a analogia do funcionamento do cliente com a metáfora.

Título	**㊾ DESENHO DOS QUATRO QUARTOS**
Objetivos	Proporcionar ao terapeuta e ao cliente a exploração de uma situação em todos seus aspectos. Possibilitar a organização dos diferentes campos da experiência do cliente.
Código	I
Material	Papel e lápis de cor.
Consigna	"Divida a folha em quatro partes. Desenhe em cada quarto um ângulo da situação que estamos trabalhando. Num deles, desenhe seus sentimentos sobre ela; em outro, o que você pensa sobre a situação; em outro, qual a sua sensação corporal ligada ao assunto; no último, quais são suas ações na situação."
Variação	Em vez de desenhar, pedir para listar os itens.
Observação	Essa é uma técnica útil nos momentos em que o terapeuta não tem clareza do que está acontecendo com o cliente e precisa de novos aspectos para trabalhar.
Pergunta	- Como utilizar essa técnica com casal, família e grupos? R. Pode ser feito individualmente e depois fazer circular a reflexão de cada pessoa.

Título	㊿ **NÍVEIS DE CONSCIÊNCIA**
Objetivos	Avaliar os níveis de consciência que o cliente têm e como estão integrados entre si. Identificar as aprendizagens necessárias.
Código	I G
Material	Nenhum.
Consignas	"Procure uma posição confortável, na qual você possa ficar um certo tempo." "Sem se mexer, tente observar o que está no seu campo visual; perceba, ao seu redor, tudo o que vem de fora de você (algo que vê, que ouve, do qual sente o cheiro...)." "Agora, feche os olhos, sinta o seu corpo, perceba tudo o que está acontecendo com ele, todas as mensagens que vêm de dentro de você (tensões, barulhos, respiração...)." "Perceba o que está passando pela sua cabeça, (no que está pensando, quais são suas fantasias, o que imagina...)." No final: "Vamos compartilhar a vivência e processar o funcionamento."
Variação	Pode-se pedir que, logo após o exercício, o cliente faça um desenho das três áreas de percepção (externa, corporal, racional).
Observações	Durante o trabalho verbal, explora-se sobre a área em que a percepção ficou mais fácil e/ou mais difícil: o que veio de fora, o que veio do corpo ou o que veio do racional; sobre a possível invasão de uma área na outra. A partir da experiência, mapeia-se o que se pode fazer para integrar e tornar independente cada uma das áreas.
Pergunta	- O que fazer se o cliente não conseguir separar o que acontece nas três áreas? R. Esse fato indica a forma como ele funciona; a partir dela, organizam-se os sintomas e queixas e definem-se outras formas de ajudá-lo a aprender a separar e integrar as três áreas.

Título	**(51) BILHETINHOS E BANDEIRAS**	
Objetivos	Proporcionar a sinalização de situações, de forma não verbal. Propiciar aprendizado sobre como lidar com desejo, limites, e explicitação dos mesmos. Ajudar o casal a desenvolver a consciência e o controle das compulsões relacionais.	
Código	C	
Material	Cartões coloridos.	
Consigna	"Cada um de vocês escolhe um destes cartões. Toda vez que um parceiro tentar abordar o assunto que está sendo trabalhado na sessão, o outro mostra o cartão como forma de sinalizar que não devem falar sobre ele fora da sessão."	
Variações	Pode ser usada para sinalizar algum comportamento que não deve ser realizado, para sinalizar que o outro acabou de realizá-lo ou para evitar determinado comportamento que não é útil. No trabalho com famílias, pode-se adaptar para as situações conjuntas ou para compulsões relacionais de díades dentro da família. Em vez de cartões coloridos, pode-se usar outro pequeno objeto, sinais corporais ou palavras simbólicas.	
Observação	Essa técnica pode ser utilizada em qualquer momento do processo de casal, quando estiverem dispostos a ajudar-se mutuamente, para sinalizar, mapear, pontuar, lembrar, tomar consciência, responsabilizar-se.	
Pergunta	- Tem algum risco do casal fazer mau uso desta tarefa? R. O terapeuta deve ter o cuidado de não utilizar essa técnica, quando o casal está buscando somente criticar um ao outro ou apontar suas falhas.	

Título	㊾ **PONTOS DE CONFRONTO**
Objetivos	Auxiliar o cliente a tomar consciência do que precisa aprender individualmente. Possibilitar ao terapeuta identificar aspectos, de cada membro do casal, que podem estar dificultando o relacionamento e a disposição para contribuir com o processo terapêutico. Facilitar ao casal trazer à tona os conflitos e confrontos existentes em sua relação.
Código	C
Material	Papel e lápis.
Consigna	"Cada um de vocês faz uma lista dos itens abaixo, em ordem de prioridade, e traz por escrito na próxima sessão: - o que quer que o outro mude; - o que não quer que o outro mude; - o que se propõe a mudar; - o que não vai mudar."
Variação	Pode-se pedir que enviem com antecedência para o consultório.
Observações	Prescrever como tarefa para que possam fazer com tempo para reflexão e enfatizar que devem trazer por escrito. Durante o trabalho de comparação das listas, é importante observar quais as solicitações que combinam e quais são contraditórias, a fim de trazer à tona os conflitos, impasses e confrontos. O terapeuta precisa saber que, após essa técnica, não há "saída honrosa", pois as dificuldades ficarão completamente expostas e deverão ser trabalhadas explicitamente.
Pergunta	- Como trabalhar com o antagonismo das listas? R. Vale a pena averiguar o que motiva as determinações, se são por disputa de poder, teimosia, birra ou outro motivo. Quando essas questões são abertas, o cliente pode tomar consciência de suas motivações. A partir dessa consciência, parte-se para uma nova negociação e flexibilização do casal.

Título	㊿ **DESENCADEANTES**	
Objetivos	Propiciar ao cliente a ampliação da consciência e da responsabilidade sobre seu padrão de funcionamento. Levar o cliente a refletir sobre como seu padrão desencadeia comportamentos em seu parceiro.	
Código	C	
Material	Papel e lápis.	
Consignas	"Liste os comportamentos que você não gosta em seu parceiro e traga na próxima sessão, a qual será individual." Na sessão individual, após a exploração da lista, pergunta-se: "O que você acredita que faz que pode estar contribuindo para desencadear esse comportamento no seu parceiro?" A partir disso, trabalha-se o controle do que fazer, para não desencadear o comportamento do parceiro.	
Variação	Pede-se que liste os motivos pelos quais o parceiro briga e depois reflita sobre qual é sua participação no processo.	
Observações	Essa técnica é para ser utilizada com casais; a consigna deve ser dada na sessão de casal e a exploração da lista em sessões individuais. Isso é necessário para que o casal não utilize essas informações como armas de guerra. Na medida em que fica explícito quais são as ações de um, que desencadeiam o comportamento indesejado do outro, este pode usar tal informação como álibi para não modificar seu comportamento. Pode ser usada em processos individuais para que o cliente possa realmente trabalhar a si mesmo, em vez de ficar focado nas dificuldades do parceiro.	
Pergunta	- O que fazer se um dos parceiros não consegue enxergar como desencadeia o comportamento do outro? R. Como a tarefa será trabalhada numa sessão individual, o terapeuta pode ser mais direto, explicitando o que percebe ou levantando hipóteses viáveis. Perceber essa questão é uma das condições para que um casal faça um processo terapêutico realmente reorganizador.	

Título	㉞ **SEMELHANÇAS E DIFERENÇAS**
Objetivo	Proporcionar, através da reflexão e comparação com as pessoas da família, uma maior consciência do padrão de funcionamento do cliente e de sua identidade.
Código	I F G
Material	Grade e lápis.
Consigna	"Usando a grade, liste as suas características, que são semelhantes e diferentes das de seu pai, sua mãe, seu cônjuge, seu avô/sua avó."
Variações	Pedir a lista das características de cada um que gostaria de ter. Pedir a lista das habilidades que poderia aprender com cada um.
Observação	Pedir na lista o avô/a avó míticos pressupõe a compreensão dos mitos familiares.[13]
Pergunta	- O que fazer se o terapeuta não conhecer a teoria dos mitos familiares? R. Pode-se usar esta tarefa com os dados dos pais, cônjuge e todos os avós sem relacioná-la com a teoria específica.

MÃE		PAI		CÔNJUGE		AVÔ/AVÓ	
=	≠	=	≠	=	≠	=	≠

---

[13] ROSSET, S. M. **Compreensão relacional sistêmica dos mitos familiares**. Curitiba, 1993

Título	⑤⑤ **CULPADOS**
Objetivo	Proporcionar o aprendizado de lidar com diferentes formas de pensar, preconceitos, julgamentos e condicionamento social.
Código	I C F G
Material	Textos (Anexo 1) e canetas em quantidade suficiente para os participantes.
Consignas	"Leiam a história que estou entregando para vocês. Ao final, marquem no papel o nome dos envolvidos por ordem de culpa." Após a tarefa, o terapeuta deve introduzir o conceito de que não existe uma só verdade, uma definição correta, e estimular as pessoas a discutirem suas listas e seus motivos. Relacionar com os sintomas e dificuldades dos clientes.
Variação	Pode-se usar outras histórias que possibilitem o mesmo trabalho.
Observação	O terapeuta deve ficar atento e manter os cuidados necessários para não polarizar, não tomar partido e não fugir dos princípios sistêmicos.
Pergunta	- Quais são os princípios sistêmicos? R. Não existe verdade absoluta; não existe certo e errado; tudo é relativo e relacional.

Título	㊹ **PODER**
Objetivo	Possibilitar ao cliente conscientização de como exercita o poder.
Código	I G
Material	Papel e lápis.
Consignas	"Liste três coisas que lhe dão poder." "Agora, liste três coisas que fazem você perder o poder."
Variações	Pedir para listar as coisas que dão poder ao cliente e determinar a "idade" de cada uma. Concretizar, simbolicamente, com desenho ou massa de modelar.
Observações	O terapeuta deve fazer circular os mitos que o cliente tem em relação ao poder, tais como: todo poder corrompe, querer é poder, ninguém tem poder, etc. Fazer circular as formas de uso do poder.
Pergunta	- Quando usar essa técnica? R. Quando o cliente precisar ter clareza do seu funcionamento nessa área e trabalhar para flexibilizar ou alterar suas premissas.

Título	(57) **VALOR E REGRA**
Objetivo	Possibilitar ao cliente a conscientização de suas crenças e dos preceitos básicos que determinam seu funcionamento.
Código	I G
Material	Papel e lápis.
Consignas	"Liste seus três valores básicos." "Agora, liste a 'idade' de cada um."
Variações	Concretizar, simbolicamente, com desenho ou massa de modelar. Pode-se adaptar para trabalhar com família e casal, caso estejam trabalhando com o tema nas sessões.
Observação	Esse exercício é útil, no momento em que estão sendo trabalhadas as regras de funcionamento e suas correlações com família de origem, com sintomas e com dificuldades.
Pergunta	- O que são valores? R. São atitudes ou crenças básicas e importantes para um sistema. São preceitos que determinam as regras de funcionamento do sistema.

Título	⑤⑧ **MAPEAR O CORPO**
Objetivo	Possibilitar ao cliente consciência e percepção de suas vivências corporais.
Código	I G
Material	Lápis preto, de cor e papel sulfite.
Consignas	"Faça um desenho do seu próprio corpo nesta folha." "Agora, acrescente ao desenho: áreas mais conhecidas, áreas doloridas, áreas com traumas, fraturas, cirurgias, áreas de que gosta, de que não gosta, áreas que acha mais bonitas, áreas nas quais segura as emoções e tensões." Relacionar com as vivências diárias, os sintomas e as dificuldades.
Variações	Pode-se pedir para o cliente colorir o desenho e fazer uma legenda, relacionando cada uma das áreas com as cores escolhidas. Pode ser feito numa folha pequena ou numa folha grande, que possibilite o desenho no tamanho natural.
Observação	O terapeuta deve ficar atento a cores, formas, tamanhos, etc. e trabalhar com as dificuldades do cliente em relação ao seu corpo, à sexualidade, etc.
Pergunta	- O desenho deve ser de frente? R. Deixa-se que o cliente escolha como fazer; depois, pode-se pedir que faça o outro lado.

Título	(59) **MEU CORPO**
Objetivo	Possibilitar ao cliente tomar consciência de sua imagem corporal.
Código	I
Material	Papel de rolo, para que o cliente corte o pedaço do tamanho que quiser, e pincel atômico de duas cores.
Consignas	"Deste rolo de papel, corte o pedaço necessário e desenhe seu corpo do tamanho real." "Agora, deite sobre seu desenho; eu irei contornar o seu corpo com outra cor." Trabalhar as diferenças de percepção do corpo e fazer ligações delas com suas questões corporais, relacionais e seus sintomas.
Variação	Depois que o cliente fizer seu desenho, trabalhar a percepção que tem e as distorções que percebe. Só depois, o terapeuta faz o contorno real.
Observações	Pode ser de grande utilidade para clientes com indícios de transtornos alimentares e outros sintomas, que envolvam diretamente a relação com o corpo. O cliente corta o tanto de papel que achar necessário. Se for muito maior ou muito menor que seu tamanho real, já é uma questão para começar o trabalho.
Pergunta	- A técnica só serve para trabalho individual? R. Pode ser adaptada para trabalho em grupo; então, os participantes fazem o contorno real dos companheiros.

Título	⑥⓪	**MOEDA NO SAPATO**
Objetivo	Conscientizar/lembrar o cliente sobre a necessidade de fazer um determinado aprendizado.	
Código	I	
Material	Moeda.	
Consigna	"Você vai colocar uma moedinha no sapato e vai mantê-la até a próxima sessão. Toda vez que senti-la no pé, vai realizar o que precisa com relação a esta aprendizagem."	
Variações	Pedir para o cliente amarrar uma fitinha no pulso e, cada vez que olhar para ela, pensar no que precisa trabalhar ou aprender. Pode-se também usar sintomas para marcar determinado padrão. Por exemplo: "Cada vez que você sentir dor de cabeça, perceber o quanto isso está relacionado ao fato de você não conseguir dizer não."; "Cada vez que você tiver a dor de estômago, prestar atenção à sua raiva ou ao sentimento que está presente."	
Observações	A moeda no sapato é uma analogia com "colocar chumbo nos pés" para estar em maior contato com a realidade. Então, a moeda, ou outro sinalizador, serve para que o cliente, na maior parte do tempo possível, esteja consciente sobre o comportamento que está treinando. Em determinados casos, o terapeuta solicita que o cliente já saia do consultório com a moeda no sapato ou com a fita amarrada no pulso, para que o trabalho feito na sessão mantenha a intensidade por um tempo maior.	
Pergunta	- A técnica serve para clientes que têm problemas concretos ao pisar? R. Se o problema for clínico, não se deve correr riscos. Porém, se for só na forma de pisar, a técnica é útil, pois dá mais consciência da forma de pisar e possibilita exercitar formas corretas.[14]	

---

[15] DYCHWALD, K. **Corpomente**. São Paulo: Summus, 1984.

Título	**(61) COMO EU RESPIRO**	
Objetivos	Tornar consciente para o cliente seu padrão de respiração. Propiciar ao cliente manter contato com os sinais do seu mundo interno, perceber e conhecer o que pensa e sente.	
Código	I G	
Material	Papel e lápis.	
Consignas	"Feche os olhos e entre em contato com a sua respiração; preste atenção na forma como respira; sem forçar nada, deixe o ar entrar e sair e perceba qual o caminho que ele faz; com que velocidade; observe se, em algum momento, sua respiração se altera." Após o exercício corporal, deve-se fazer um relatório sobre o padrão que percebeu. Então, relaciona-se com sintomas, dificuldades e situações. A seguir, desenvolvem-se exercícios para melhorar a capacidade respiratória.	
Variação	Pode-se solicitar ao cliente que faça um desenho do que percebeu.	
Observação	Durante o compartilhar, é importante verificar se existem doenças respiratórias na família ou se o próprio cliente tem alguma dificuldade nesse sentido.	
Pergunta	- O que fazer se o cliente disser que a sua respiração não se altera, que sempre é igual? R. Pode-se estimulá-lo a perceber as nuanças, repetindo o exercício como tarefa de casa.	

Título	⑥② **CONVERSA COM AUSENTES**
Objetivo	Possibilitar ao cliente fechar situações que ficaram pendentes com relação a pessoas ausentes.
Código	I
Material	Espaço adequado.
Consigna	"Encontre uma posição confortável, feche os olhos; preste atenção à sua respiração; deixe sua imaginação fluir sem direcioná-la. Agora, você está em um lugar aonde gosta muito de ir e encontra a pessoa que está ausente. Vocês estão conversando; ela lhe pergunta sobre algo que você sempre quis dizer, mas não disse. Então, fale para ela todas as coisas que estão dentro de você, solte sua emoção. Quando estiver pronto, despeça-se e volte para a sala."
Variações	Pode-se solicitar ao cliente que escreva uma carta para a pessoa ausente (como tarefa de casa) e, depois, queime e enterre as cinzas, mentalizando que a situação está resolvida. Pode-se pedir que o cliente junte coisas que simbolizem algo da relação com a pessoa ausente, coloque-as num saco para ser enterrado, queimado ou doado.
Observação	Tão importante quanto a realização do trabalho é a decisão do cliente de se desprender das situações que o estão impedindo de ir adiante no seu processo.
Pergunta	- A técnica serve para trabalhar quando a pessoa ausente já morreu? R. Sim, serve.

Título	⑥③ **SONHOS**
Objetivo	Auxiliar o cliente a ter outras formas de trabalhar com uma situação simbólica.
Código	I
Material	Papel, lápis e lápis de cor.
Consignas	"Desenhe o sonho que você acaba de me relatar." "Agora, desenhe os sentimentos presentes no sonho." Relacionar o sonho, os desenhos e a situação real.
Variação	Pedir que o cliente represente o sonho e os sentimentos corporalmente ou através de algum material artístico.
Observação	Sendo o sonho um dos caminhos para o inconsciente, é importante que os clientes aprendam a relacionar seus sonhos com seu processo.
Pergunta	- O terapeuta pode mostrar para o cliente o que viu nos desenhos ou compreendeu no relato do sonho? R. Pode, desde que seja útil para a percepção do cliente e que sua análise seja colocada como uma hipótese, um ângulo parcial, e não como a verdade.

Título	⑥④ **POSSIBILIDADES**
Objetivo	Ampliar e flexibilizar a percepção do cliente diante de uma situação.
Código	I
Material	Papel e lápis.
Consignas	"Liste outras dez opções de reações que você poderia ter tido nessa situação." "Avalie perdas e ganhos de cada uma delas."
Variação	Pedir para o cliente listar dez opções de ações para atingir determinado objetivo.
Observações	Pode ser realizada durante a sessão ou como tarefa para casa. É importante manter clara a ideia de que sempre existem outras possibilidades de ação e de reação. É especialmente útil para os momentos em que o cliente não consegue ou não quer ver outras hipóteses.
Pergunta	- O que fazer se o cliente falar que não vê nenhuma outra opção ou reação? R. Estimulá-lo a criar possibilidades, mesmo absurdas, como exercício de flexibilidade, ou dar exemplos de itens que ele poderia listar.

Título	**㊿ ENVELOPE SECRETO**
Objetivo	Possibilitar ao cliente limpar determinadas situações e sentimentos irracionais e inconscientes.
Código	I
Material	Envelope.
Consignas	"Junte coisinhas (papeizinhos, folhinhas, tampinhas, etc.) que simbolizem a situação que está sendo trabalhada e coloque-as em um envelope. Quando achar que é suficiente, traga o envelope para a sessão." Quando o cliente trouxer o envelope: "Agora, escolha um momento tranquilo, em que não será interrompido, e queime o envelope, mentalizando o fim dessa situação."
Variação	Pode-se pedir que enterre, pise, picote ou jogue na água.
Observações	Essa técnica é útil para clientes que funcionam de forma muito racional e não conseguem se desligar das situações que não têm solução imediata. O terapeuta precisa ter firmeza na definição da tarefa e, para evitar o risco do cliente achar que é uma mágica, deve enfatizar que o importante é fazê-la.
Pergunta	- O que fazer se o cliente demorar muito para trazer o envelope? R. De tempos em tempos, perguntar a ele como está indo a tarefa e relacioná-la com a situação que desencadeou o uso da técnica.

Título	⑥⑥ **JOGO COM BALÕES**
Objetivo	Levantar e trabalhar dificuldades do cliente, como: relação interpessoal, divisão de tarefas, dificuldades de colaboração, comunicação e integração.
Código	F G
Material	Espaço adequado e balões cheios, aproximadamente cinco por pessoa.
Consignas	"Vocês vão estourar os balões que estão no chão até que sobrem dois por pessoa." Quando essa tarefa terminar, solicitar: "Cada um vai equilibrar seus balões, jogando-os para cima, sem deixá-los cair no chão." Quando todos estiverem dominando a tarefa, pedir: "Agora, um membro fica de fora, e as outras pessoas têm que dar conta dos balões dele." Depois, solicitar: "Agora, quem saiu volta e pega dois balões para equilibrar; outro membro fica de fora e, da mesma forma, as outras pessoas devem continuar equilibrando os balões de quem saiu." Repete-se a situação de saída com todos os membros.
Variações	Pode-se iniciar o trabalho com o grupo enchendo os balões. Pode-se usar bolas de jornal, bolas de plástico. Pode-se, conforme o objetivo da sessão e o tamanho do grupo, pedir que dois ou três membros saiam ao mesmo tempo.
Observação	Compartilhar a experiência, pontuando sobre o padrão de funcionamento de cada um e sobre como as tarefas familiares são divididas.
Pergunta	- O que fazer se eles ficarem na brincadeira, sem levar a sério? R. Eles mostram a forma como funcionam. Não há forma certa. O que acontecer na brincadeira será integrado, nos comentários, com as queixas, dificuldades e aprendizagens.

Título	**(67) DRAMATIZAÇÃO COM OBJETOS PEQUENOS**
Objetivo	Proporcionar ao cliente outra perspectiva/visão de uma mesma situação.
Código	I
Material	Caixa contendo ícones, tampinhas ou sucatas.
Consignas	"Usando essa caixa de objetos, monte uma cena com a situação que você me descreveu." "Agora, faça uma dramatização entre as personagens, com diálogo e movimentos."
Variação	Pode ser usada em situações de família ou casal; então, após montarem a cena, cada participante vai se ocupar de um personagem.
Observação	Ao montar a cena e a dramatização, o cliente pode "ver" a situação de outras maneiras, e o terapeuta pode explorar tais situações e suas variações.
Pergunta	- Se o terapeuta não tiver uma caixa de material, pode usar outros objetos? R. Sim, pode usar o material que tiver à disposição: lápis, bibelôs, livros, chaves, copos, etc.

Título	⑥⑧ **CONCRETIZAR COM JORNAIS**
Objetivo	Possibilitar ao cliente tornar concreta uma situação da qual tem pouco entendimento.
Código	I C F G
Material	Jornais.
Consignas	"Usando o jornal disponível, construa uma escultura que mostre como você enxerga a situação sobre a qual estamos falando." "A partir de olhar a escultura, faça alterações, relacionando-as com a situação real."
Variação	Pode-se utilizar folhas de revistas, almofadas ou outros objetos.
Observação	Para clientes muito teóricos, essa técnica possibilita aprender a trabalhar de outras formas.
Pergunta	- Em grupo, as pessoas fazem uma só escultura? R. Sim, podem fazer em conjunto uma só escultura. Porém, se for uma situação em que existem participações e visões diferentes, cada um pode fazer a sua.

Título	(69) **NOMES E APELIDOS**
Objetivos	Trazer à consciência outros pontos ligados à identidade e ao padrão de funcionamento. Possibilitar ao cliente, olhar o que existe por trás dos apelidos dados e usados no seu contexto.
Código	C F
Material	Papel e lápis.
Consigna	"Em um papel, escreva como você chama cada pessoa que está aqui e como você é chamado por elas."
Variação	Pedir que verifiquem os nomes e a história de como foi escolhido cada um dos apelidos.
Observação	Compartilhar como escolheram, quem escolheu e o porquê do apelido.
Pergunta	- O significado dos nomes é importante? R. É sempre um dado a mais; em determinadas situações, é útil para abrir nova pauta de trabalho. Deve-se ter um ou mais livros com significados dos nomes.

Título	⑦⓪ **PESSOAS POR QUINQUÊNIOS**
Objetivo	Possibilitar ao terapeuta conhecer o cliente, seu padrão de interação e as relações e vínculos feitos durante sua vida.
Código	I
Material	Papel e lápis.
Consigna	"Liste as pessoas mais importantes de sua vida, destacadas em períodos de cinco anos."
Variações	Pedir que faça um desenho simbólico das pessoas mais importantes, destacadas em períodos de cinco anos. Usando barbantes coloridos, pedir que mapeie os vínculos mais importantes de cada quinquênio.
Observação	Explorar todos os vínculos relacionados, o tipo de aprendizagem que fez com cada um, o que não aprendeu, o que poderia ter aprendido, a importância da pessoa em sua vida na ocasião e hoje.
Pergunta	- Pode ser usada no início da terapia? R. Sim, quando o tema da queixa ou das dificuldades for referente aos relacionamentos ou quando se estiver trabalhando a qualidade dos vínculos que o cliente faz.

Título	**(71) O CHAMADO**
Objetivo	Verificar o funcionamento do cliente, favorecer aprendizagens e trazer novos conteúdos.
Código	F G
Material	Espaço adequado.
Consignas	"Na sua vez, cada um sai da sala. Os que estiverem dentro da sala vão chamar a pessoa que está fora das mais variadas formas, usando seu nome, apelidos, jeitos, entonações e outros. A pessoa que está fora da sala, só entra ao ser 'tocada' por um dos chamados." Após o exercício, relacionar com diferentes vivências, sintomas e padrões.
Variações	Pode-se pedir um desenho do que cada um sentiu ao ser chamado daquela maneira. Pode-se pedir que cada um conte uma história da qual se recordou ou lembrança que teve com o exercício.
Observação	Nas sessões de família, essa técnica geralmente traz emoções profundas, pois conecta as pessoas com a fase em que as crianças eram pequenas e com outras questões de intimidade, cuidados, dificuldades.
Pergunta	- O que se trabalha a partir do exercício? R. O terapeuta pode ajudar as pessoas a compartilharem: "Essa forma de chamá-lo(la) lembrou o quê?"; "Como isso lhe tocou?"; "O que isso significa para você?"; "Como gostaria de ser chamado(a)?" Fazer isso de forma a relacionar com aprendizagens, padrões e funcionamento.

Título	⑦² **UMA HISTÓRIA DIFERENTE**
Objetivo	Possibilitar ao terapeuta ver o padrão do cliente e definir aprendizagens necessárias.
Código	F G
Material	Nenhum.
Consigna	"Um de vocês deve começar a contar uma história, um outro continua e assim por diante até que todos tenham participado."
Variação	Pode-se pedir que a pessoa que esteja contando escolha a seguinte ou usar um objeto que cada um passe para o próximo, que segue a história.
Observação	Observar padrão, forma, lideranças, autonomia, etc.
Pergunta	- O que fazer se alguém não conseguir continuar a história? R. Passar a tarefa para outro membro. Na conclusão do trabalho, ao perguntar a todos como foi a vivência, o terapeuta deve explorar com quem não participou sobre quais foram os sentimentos/as dificuldades que apareceram e como faz na sua vida quando se depara com situações inesperadas.

Título	⑦③ **GIRAR A RODA**	
Objetivos	Possibilitar ao cliente e ao terapeuta avaliarem o desempenho de papéis e as vivências e sentimentos envolvidos. Propiciar o aumento da consciência do desempenho dos papéis e abrir espaços para novas aprendizagens.	
Código	G	
Material	Espaço adequado.	
Consignas	"Deem-se as mãos e façam dois círculos, um dentro do outro. As pessoas do círculo de dentro devem ficar de frente para as do círculo de fora. O círculo de fora deve girar no sentido horário, e o de dentro no sentido anti-horário, cada vez que for dado o sinal." "Vamos trabalhar diferentes papéis, os quais serão indicados por mim. Cada um vai fazer par com o elemento que estiver à sua frente e assumir o papel que for definido, usando posturas e falas de acordo." "Todos são crianças de cinco anos." "Agora, são crianças de dez anos." "Agora, são seus pais." "Agora, suas mães." "Agora, são vocês mesmos." Ao final: "Compartilhem a experiência."	
Variação	Pode-se escolher os papéis de acordo com o tema ou a aprendizagem que está sendo desenvolvida.	
Observações	Os dois círculos devem ter o mesmo número de pessoas. Durante a exploração, lembrar que o papel é sempre ligado a uma conduta cultural, é uma representação social. Um papel necessita de um contrapapel e sempre tem dois lados. Avaliar o quanto cada pessoa está presa na conserva cultural e auxiliá-la a criar estratégias para flexibilizar e criar nos papéis desempenhados.	
Pergunta	- Essa técnica pode ser usada com famílias? R. Pode, mas é necessário que seja uma família com pelo menos seis pessoas para dar um bom encadeamento.	

Título	⑦④ **VIRAR A RODA**
Objetivos	Auxiliar o cliente a ampliar e flexibilizar a sua percepção. Auxiliar o cliente a aprender outros jeitos de fazer a mesma coisa.
Código	F G
Material	Espaço adequado.
Consigna	"Façam uma roda, todos de mãos dadas, virados para fora da roda. Agora, devem tentar se virar para dentro, sem soltar as mãos."
Variação	Nenhuma.
Observações	Ao final, se o grupo não conseguir realizar a tarefa, o terapeuta pode dar sugestões. Independente se a tarefa for realizada ou não, é importante que seja avaliada e trabalhada a questão de sair dos impasses e ousar movimentos novos.
Pergunta	- O que fazer se as pessoas soltarem as mãos? R. Pede-se ao grupo que volte à formação original e repete-se a consigna.

Título	⑦⑤ **LIMITES**
Objetivos	Possibilitar ao terapeuta e ao cliente a visualização do padrão de funcionamento. Trazer à tona as questões relacionadas com colocar e invadir limites.
Código	F G
Material	Espaço adequado e almofadas.
Consignas	"Dividam-se em dois grupos." "Um grupo deverá construir seu espaço com as almofadas disponíveis." "Agora, que já têm o seu espaço, devem se organizar para não deixar que os outros entrem." "O outro grupo deve tentar entrar." "Agora, invertam os papéis."
Variações	Se a sala for grande, pode-se pedir que cada grupo monte seu espaço, ao mesmo tempo; depois, deve defender o seu e invadir o espaço do outro simultaneamente. Outra possibilidade é solicitar que um grupo monte seu espaço e que o outro tente colocar coisas dentro. Depois, invertem-se os papéis. Essa técnica pode ser adaptada para se trabalhar com casais.
Observação	Devem ser trabalhados tópicos como: quem invade, quem usa de manipulações para invadir, quem respeita, como cada um defende. Esses itens devem ser relacionados ao padrão usual de cada participante.
Pergunta	- O tema da sessão deve ser explicitado antes de se começar o trabalho? R. Não faz muita diferença. Se o tema for explícito, eles já podem treinar novos comportamentos; se não for, mostram espontaneamente a forma de funcionar.

Título	⑦⑥ **CONFRONTO**
Objetivos	Possibilitar ao cliente explicitar sua percepção em relação ao outro, de forma não verbal. Proporcionar ao cliente enxergar a si mesmo pelos olhos do outro.
Código	C
Material	Espaço adequado.
Consignas	"Sentem-se um em frente ao outro. Um dos dois deve imitar os movimentos e trejeitos que conhece do parceiro." "Agora, invertam os papéis." Após o exercício, compartilhar a vivência; falar sobre como é imitar e ser imitado, relacionando as sensações e os sentimentos com as dificuldades e o funcionamento do casal no dia a dia.
Variação	Pode-se imitar os movimentos que o parceiro faz, como se fosse um espelho.
Observação	Se o casal já está trabalhando seus confrontos, o tema é explícito, e os parceiros podem treinar novos comportamentos; caso não seja, mostram espontaneamente a forma de funcionar.
Pergunta	- Essa técnica pode ser usada com famílias? R. Sim, usa-se com os participantes divididos em pares. No caso de número ímpar, usa-se um esquema de revezamento, em que todos participem; quem estiver sem o par observa o exercício.

Título	(77) **TROCA DE AFETOS**
Objetivo	Possibilitar ao cliente treinar comportamentos de doação e troca de afetos.
Código	F G
Material	Diversos materiais como: papel, lápis, barbantes, copinhos, rolhas, tampinhas, massa de modelar.
Consignas	"Escolham características positivas que vocês têm. Concretizem simbolicamente essas características – escrevendo, desenhando, construindo algo." "Agora, troquem entre si o que concretizaram, presenteando os outros com o que cada um acha que tem de melhor."
Variação	Pedir que desenhem os seus melhores momentos juntos.
Observação	Nas consignas e nos comentários após o exercício, salientar os aspectos de doação, troca e escolha, de acordo com o que o grupo precisa treinar ou aprender.
Perguntas	- O que fazer se um dos membros não quiser participar? R. Deixar que todos concluam a tarefa e trabalhar o que aconteceu na sessão. - O que fazer se alguém der coisas para todos e não receber nada ou não der nada e receber de todos? R. Trabalhar a situação, relacionando-a com temas de rejeição, trocas dispares e situações reais; fazer circular entre todos o que aconteceu, buscando conexão com as questões do dia a dia.

Título	(78) **ESGRIMA**
Objetivos	Explicitar, para o terapeuta e para o cliente, através do jogo, o padrão de funcionamento durante uma disputa. Possibilitar ao cliente treinar novos comportamentos, referentes a respeitar regras e competir.
Código	F G
Material	Espaço adequado e número de "espadas" conforme o número de pessoas.
Consigna	"Cada um, com uma espada, deve lutar para derrubar a espada do outro. Quem deixar cair sua espada, sai do jogo. Ganha quem não perder a espada."
Variação	Usar balões ou panos para a disputa.
Observação	Após a luta, solicitar que todos compartilhem o que aconteceu, percebendo e explorando pontos que podem ser difíceis: quem não quer perder, quem desiste fácil, quem não segue as regras, quem quer mudar as regras depois de o jogo ter começado.
Pergunta	- Como definir as regras? R. Dependendo do que se deseja trabalhar, as regras podem ser definidas no início, pelo terapeuta ou pelo grupo.

Título	⑲ **DANÇA DAS CADEIRAS**
Objetivos	Possibilitar ao terapeuta observar o padrão de funcionamento da família/do grupo de forma lúdica. Auxiliar os clientes a perceberem como reagem em situações de disputa e competição.
Código	F G
Material	Espaço adequado, cadeiras e música.
Consignas	"Vou colocar algumas cadeiras em círculo, viradas para fora, em número suficiente para vocês, menos uma." Colocar uma música e pedir: "Agora, todos circulam em volta das cadeiras. Quando parar a música, todos sentam. Quem não encontrar lugar para sentar, sai do jogo, e eu retiro mais uma cadeira." Segue assim, até sobrar só um participantes, que será o vencedor. Compartilhar a experiência, relacionando-a com a forma como os participantes funcionam em disputa, competição, com ganhos e perdas.
Variação	Diminuir o número de cadeiras a cada rodada, sem que as pessoas que não sentarem saiam, até que reste apenas uma cadeira e todos tenham que dar um jeito de sentar.
Observação	Assim como essa, todas as técnicas que usam brincadeiras e jogos são úteis, por serem adaptáveis aos objetivos.
Pergunta	- Pode ser usada só como um momento de divertimento? R. Brincar, lidar com alegria, mostrar-se em sua forma infantil sempre estimulam a criatividade, o companheirismo e a determinação. Então, é sempre útil.

Título	⑧⓪ **O QUE É UM CASAL?**
Objetivos	Auxiliar o cliente a identificar suas crenças e valores referentes a casamento e relacionamento a dois. Propiciar ao terapeuta e ao casal identificarem ambivalências, concordâncias e rigidez presentes no relacionamento conjugal.
Código	C
Material	Papel e lápis.
Consigna	"Cada um deve refletir e escrever um pequeno parágrafo sobre cada uma das questões abaixo: - O que é um casal? - Por que um casal fica junto? - Quais são os casais felizes e infelizes que foram marcantes para você? - Por que eles foram marcantes para você?"
Variação	Pode-se solicitar que o casal explicite as questões acima através de outros materiais: dobradura, modelagem, etc.
Observação	Quando se aplica essa técnica, é importante o terapeuta ter consciência de que podem aparecer valores muito diferentes entre o casal. Se isso acontecer, deve-se trabalhar na sessão as dificuldades que surgem a partir dessas diferenças, salientando que as pessoas não precisam pensar de forma igual, mas é interessante encontrar estratégias para aceitar e respeitar as diferenças e aproveitá-las como oportunidade de crescimento.
Pergunta	- Pode ser aplicada com casais que ainda não vivem juntos? R. Quanto antes o casal tiver clareza do seu funcionamento, das suas crenças, mais possibilidades de controle das compulsões e de aprendizagem para uma verdadeira parceria.

Título	⑧¹ **EXPLICITANDO DIFICULDADES**
Objetivo	Possibilitar ao cliente tomar consciência de sua forma de lidar com as situações em que tem dificuldades. Facilitar novas aprendizagens.
Código	I C F G
Material	Papel e lápis.
Consigna	"Nesta folha de papel, gostaria que cada um fizesse três colunas e listasse: - as dificuldades que estão presentes no seu momento atual; - os problemas que tais dificuldades lhe trazem; - o que você precisa aprender para saná-las."
Variações	Solicitar que cada um mostre as dificuldades que já teve em forma de desenhos. Solicitar diversas listas, de acordo com o objetivo do terapeuta: o que é ser adulto e quais são as dificuldades de se tornar um adulto; o que o sujeito não dá conta de fazer (a partir desta tarefa, descobre-se qual é a potência real da pessoa e o que ela pode atingir); os meios que o sujeito tem de ficar livre de determinada dificuldade; dez opções diferentes que o sujeito tem para resolver uma questão; vantagens e desvantagens que o sujeito tem com determinada dificuldade; riscos que corre, caso fique livre do que o incomoda (perca o sintoma, o emprego, mude-se de casa, separe-se do parceiro).
Observações	O foco é trabalhar de forma a ampliar a visão sobre a dificuldade e criar novas possibilidades de mudança. Após o trabalho verbal e o processamento da situação, a lista poderá ser riscada, queimada ou enterrada.
Pergunta	- O que fazer se o cliente não conseguir fazer as listas? R. A primeira questão é: a pessoa tem real disponibilidade para ver suas dificuldades? Quanto mais ela enxergar as vantagens de ficar livre das dificuldades, maior será sua possibilidade de mudança. Porém, ela precisa querer realmente lidar com tais questões.

Título	⑧② **RITUAIS FAMILIARES**
Objetivo	Identificar, fazer circular e refletir sobre os rituais que estão presentes na família do cliente, sua função e importância.
Código	I C F G
Material	Papel e lápis.
Consigna	"Liste cinco rituais existentes na sua família de origem."
Variação	Solicitar que se listem os rituais da família atual do cliente.
Observações	Avaliar os rituais familiares abre possibilidades de ampliar o trabalho; é possível fazer um uso terapêutico dos rituais já existentes, assim como de novos rituais que possam ser criados. O trabalho com rituais é uma forma rica que a terapia sistêmica tem para a terapia familiar, de casal e individual. Para isso, a primeira etapa é conhecer e avaliar os rituais que o cliente já tem.
Pergunta	- O que são rituais terapêuticos? R. São atos simbólicos, envolvidos por uma metáfora integradora, que auxiliam as pessoas a adquirir potência diante das questões inevitáveis da vida. A função do ritual é ligar sistemas diferentes e níveis diferentes. Pode ser utilizado como um meio de apoio às emoções. É necessário o terapeuta ter um objetivo claro, pois o ritual só é útil, quando ele enxerga o que o cliente está precisando aprender.

Título	**(83) DESENHO SIMBÓLICO**
Objetivos	Auxiliar o terapeuta a levantar o padrão do cliente e a definir as aprendizagens necessárias. Possibilitar ao cliente revisar fases de sua vida.
Código	I F G
Material	Papel e lápis.
Consignas	"Faça um desenho simbólico que o represente quando tinha 1 ano, outro quando estava com 5 anos, outro com 15 anos e outro com a idade atual." "Agora, escreva uma frase para cada desenho."
Variações	Pedir que o cliente escolha um objeto que o simbolize com 1 ano, 5, 15 e atualmente. Pedir que escolha um movimento corporal que represente cada fase. Em grupo, cada participante pode escolher um dos seus desenhos e todos fazerem uma dramatização conjunta.
Observação	É útil para clientes que têm algum apego ao passado – positivo ou negativo; através dessa técnica, podem reformular suas crenças e álibis.
Pergunta	- As idades pedidas são fixas, independente da idade do cliente? R. Sim, mas pode-se pedir outras idades, caso haja uma razão clara para isso.

Título	⑧④ **SIGNIFICADO DO NOME**
Objetivos	Proporcionar o contato do cliente com as emoções e as razões da escolha de seu nome. Levantar dados importantes nas questões de identidade.
Código	I G
Material	Papel e lápis.
Consigna	"Pesquise e traga na próxima sessão informações sobre: o significado do seu nome; as razões, as condições e a forma como ele foi escolhido."
Variação	Propor ao cliente que, caso fosse possível mudar, escolha outro nome que gostaria de ter; então, pesquisar significados.
Observação	Explorar questões como: quem escolheu, qual a origem do nome, por quê, que outras pessoas estavam envolvidas, que outros nomes foram sugeridos, por que foram descartados.
Pergunta	- Qual é a importância do nome? R. O nome é a primeira definição de identidade de uma pessoa. O significado e as condições de sua escolha são algumas definições de identidade que ficam presas ao funcionamento de cada um. Conhecer esses elementos definidores abre hipóteses de aprendizagens e trabalhos terapêuticos, que podem ser realizados.

Título	⑧⑤ **PADRÃO DE COMUNICAÇÃO**
Objetivo	Auxiliar o cliente a identificar e refletir sobre seu padrão de comunicação e sobre as aprendizagens necessárias.
Código	I
Material	Papel e lápis.
Consigna	"Relate, em cinco linhas, como é sua comunicação."
Variações	Propor que o cliente desenhe como é sua comunicação. Escolha uma pessoa que tenha o padrão de comunicação que ele aprecia e diga o motivo. Escolha uma pessoa que se comunique de uma forma que ele entende facilmente.
Observações	Pontuar para o cliente que a forma da sua comunicação, a expressão facial, os movimentos e os gestos auxiliam na sua tomada de consciência sobre seu padrão comunicacional e sobre as dificuldades que podem ter com ele. O padrão de comunicação de uma pessoa é um dos ângulos do seu padrão de funcionamento, e pode-se avaliar um a partir do outro.
Pergunta	- O que fazer quando a pessoa não tem noção de seu padrão de comunicação? R. Pode-se prescrever exercícios de conscientização sobre a forma que o cliente se comunica ou solicitar que ele, como tarefa, pergunte às pessoas nas quais confia sobre como percebem sua comunicação.

Título	⑱⑥ **ÁLBUM DA VIDA**
Objetivo	Possibilitar ao cliente trazer à consciência elementos que ajudem a clarificar questões não entendidas, até o momento.
Código	I C F
Material	Fotos.
Consigna	"Tragam para próxima sessão uma série de 10 fotos, tiradas ao longo de sua vida."
Variações	Pode-se definir outro número de fotos para serem trazidas à sessão. Com família: solicitar que cada um traga uma foto de um momento marcante, para si, na família; pedir que a família, em conjunto, escolha 10 fotos que contenham sua história; pedir que tragam a foto que mais emociona ou que acham que melhor representa a família. Com casal: pedir que os parceiros escolham, juntos, 10 fotos das várias etapas do relacionamento; solicitar que escolham, juntos, 10 fotos que contem sua história; solicitar que cada um traga 5 fotos, nas quais eles apareçam ou esteja representado, de algum modo, o que acham que é importante em um relacionamento; pedir para cada um trazer uma série pessoal e juntar as fotos na sessão. Individualmente: pedir fotos de família, de relacionamentos, da vida social, da vida profissional. Pedir fotocópias coloridas das fotos escolhidas e solicitar que façam uma montagem com recorte e colagem, conforme o objetivo da sessão.
Observação	Ao pedir as fotos, o terapeuta deve ter clareza do objetivo, pois é isso que definirá o trabalho a ser feito a seguir.
Pergunta	- Pode-se trabalhar essa técnica em grupo? R. Sim, dependendo do que se pretende trabalhar. Cada um pode trazer sua série; então, compartilhar e trabalhar no grupo.

Título	**(87) AUTORRETRATO**
Objetivos	Possibilitar o trabalho de questões ligadas à identidade. Auxiliar o cliente a perceber como se vê e como acha que os outros o veem.
Código	I G
Material	Fotos, papel, cola, tesoura, tinta e pincéis.
Consigna	"Traga para a sessão cinco fotos que considera, simbolicamente, seu autorretrato."
Variações	A partir das fotos, trabalhar itens ligados à sua identidade e autoimagem. Por exemplo: - identifique, nessas fotos, partes do seu corpo das quais gosta e das quais não gosta; - faça um autorretrato da pessoa que existe em você e que seus pais nunca seriam capazes de apreciar; - faça um autorretrato da forma como a sua mãe sempre quis ver você; - faça um autorretrato da mulher (homem) que você deveria ou gostaria de ser. Pode-se combinar as fotos (ou fotocópias das mesmas) com outros materiais (colagem, tinta, desenho, etc).
Observação	Explorar o que o cliente enxerga, o que acha que as pessoas veem, como gostaria de ser visto, etc.
Pergunta	- O que fazer se o cliente perguntar sobre os tipos de fotos que deve trazer? R. Esclarecer que podem ser fotos em que ele aparece, fotos de paisagens ou de outras situações que o simbolizem. Se quiser, pode tirar fotos de si mesmo em diversas situações.

Título	⑧⑧ O QUE EU ENXERGO
Objetivo	Possibilitar ao cliente a conscientização de como ele percebe a realidade e ampliar sua percepção.
Código	I G
Material	Fotos, figuras, papel, cola, tesoura, tinta e pincéis.
Consigna	"Traga para a sessão cinco fotos que você tirou de situações ou lugares que mostrem sobre como você vê o mundo."
Variações	Pode-se solicitar fotos que o cliente gostaria de ter tirado; podem ser recortadas de revistas, cartões postais, etc. Pode-se combinar as fotos (ou fotocópias das mesmas) com outros materiais (colagem, tinta, etc).
Observação	Explorar o que o cliente enxerga, como gostaria que fosse o mundo, o que de novo pode ver, etc.
Pergunta	- Pode ser usada com casais? R. Pode, desde que se tenha um objetivo claro.

Título	**(89) ANTEPASSADOS**	
Objetivo	Possibilitar ao cliente pesquisar seus antepassados míticos.	
Código	I G	
Material	Papel e lápis.	
Consignas	"Escreva o que você sabe sobre sua avó paterna (se mulher) ou seu avô materno (se homem)." "Após escrever o que você sabe, pesquisar com seus pais, avós, tios, primos, irmãos, amigos da família, madrinha, padrinho, etc. sobre o que eles sabem sobre sua avó ou avô mítico."	
Variação	Pode-se fazer a mesma avaliação com todos os antepassados paternos e maternos.	
Observações	Essa técnica pressupõe a compreensão mítica familiar[15] de avós míticos como as figuras mais importantes na história inconsciente dos netos. Explorar as diferenças e as semelhanças de funcionamento do cliente em comparação com o antepassado, avaliando o que o avô ou avó poderiam ter aprendido e ter feito diferente; o que o cliente poderia ter aprendido e não aprendeu com seu antepassado; o que ainda pode aprender, etc.	
Pergunta	- O que fazer se o terapeuta não conhecer a teoria dos mitos familiares? R. Será melhor não usar essa técnica, e sim usar a técnica SEMELHANÇAS E DIFERENÇAS (p. 86).	

---

[15] ROSSET, S. M. **Compreensão relacional sistêmica dos mitos familiares**. Curitiba, 1993.

Título	⑨⓪ **CIRCUITO DE MUDANÇAS**
Objetivo	Observar o padrão de funcionamento do cliente ao fazer mudanças e/ou planejar futuras mudanças.
Código	I C F G
Material	Papel e lápis de cor.
Consigna	"Usando figuras geométricas, simbolize as mudanças mais importantes que você já fez na sua vida."
Variações	Pode-se solicitar as mudanças que o cliente fez na vida profissional, na vida como mãe/pai, na vida de casal, as mudanças que a família fez. A partir da tarefa, pode-se trabalhar compartilhando, desenhando figuras que simbolizem as mudanças futuras que quer ou deveria fazer.
Observações	Avaliar cada uma dessas mudanças com relação a dificuldades para desencadeá-la, ganhos e perdas decorrentes dela. Explorar sobre o movimento que foi feito no passado e sobre o que se quer para o futuro. Essa técnica pode também ser usada para avaliação do processo de psicoterapia.
Pergunta	- Como trabalhar com casal e família? R. Pode-se pedir que cada pessoa faça o seu desenho individual e depois os compare. Num segundo momento, pedir que façam um desenho das mudanças do casal ou da família. Num terceiro, pedir que façam um desenho de como querem que seja a próxima mudança do casal ou da família.

Título	⑨¹ **DOBRADURA COM GUARDANAPOS**
Objetivo	Levantar e avaliar expectativas, concepções, valores e desejos sobre o que é ser um casal.
Código	C
Material	Guardanapos de papel coloridos.
Consigna	"Individualmente, usando os guardanapos coloridos, cada um faça uma dobradura que mostre o que compreende como casal."
Variações	Pode-se pedir para desenhar ou para dizer cinco palavras-chave sobre o que é ser um casal. Pode-se pedir para fazer uma dobradura que mostre as dificuldades do casal ou que mostre o que esperam desse casamento.
Observações	O uso de guardanapos de papel coloridos para fazer dobraduras simbólicas é muito útil em várias situações. Observar o jeito, as cores, as formas e as falas. O terapeuta precisa ficar atento para evitar racionalizações e justificativas e deve privilegiar a circulação dos sentimentos.
Pergunta	- Os guardanapos coloridos podem ser usados para outras técnicas e outros conteúdos? R. Sim, são muito fáceis de serem adaptados a técnicas que precisam de símbolos coloridos e de material que possa ser trabalhado em diversas confecções.

Título	⑨② **QUEM QUER MUDAR**
Objetivos	Possibilitar ao terapeuta avaliar a prontidão para aprendizagem e mudança do cliente. Auxiliar o casal a enxergar suas depositações e dificuldades de mudança.
Código	C
Material	Espaço adequado.
Consignas	"Fiquem em pé, de costas um para o outro." "Quem estiver disposto a mudar já, independente do que o outro fizer, dê um passo para frente."
Variação	As questões que surgirem devem ser trabalhadas em cima do padrão de funcionamento do casal.
Observação	Esta é uma estratégia para trazer à discussão as dificuldades pessoais de mudanças e o quanto os membros do casal condicionam suas mudanças às do parceiro. A utilidade da técnica é poder, a partir do que acontecer, definir desejos e responsabilidades pelo processo terapêutico.
Pergunta	- O que fazer se um der um passo e o outro não? R. Não importa o que aconteça, o importante é discutir e esclarecer as dificuldades e o padrão que eles têm. Quando a pessoa não dá o passo para frente, fica explicita sua posição, o que facilita a discussão dos problemas relacionais.

Título	⑨③ **LINHA DO CASAMENTO**
Objetivos	Proporcionar ao terapeuta e ao casal uma organização do tempo do casamento. Levantar as dificuldades e o tempo de existência das mesmas, bem como o padrão de funcionamento do casal.
Código	C
Material	Papel de rolo, lápis preto e colorido.
Consigna	"Num papel do tamanho que quiserem, façam, juntos, uma linha da relação de vocês. Marquem o início no dia em que se conheceram e o final no dia de hoje. Marquem todos os eventos que foram importantes para vocês, tanto os positivos como os negativos."
Variações	Pode ser feita individualmente e depois compartilhada. Pedir que organizem uma sequência de figuras que simbolizem os fatos importantes ocorridos na vida do casal.
Observações	É uma técnica que pode ser usada no início do processo de terapia, para o terapeuta conhecer o funcionamento do casal, ou em algum outro momento, para avaliação do processo. Durante o trabalho, é importante fazer circular as realizações mais importantes, os momentos mais difíceis, as aprendizagens realizadas. É importante o terapeuta ficar atento à interação do casal e à realização da tarefa.
Pergunta	- A linha deve ser trabalhada em uma única sessão? R. Isso não é necessário; o número de sessões depende da quantidade e da importância dos dados que são trazidos pelo casal e dos impasses e efeitos que surgem.

Título	⑨④	**LIMPAR MÁGOAS**

Objetivos	Possibilitar ao casal desprender-se do passado e visualizar o futuro. Simbolizar o desejo dos participantes de abrir mão das questões que impedem o processo funcional da relação.
Código	C
Material	Papel, lápis e envelope.
Consignas	"Listem, individualmente, todas as mágoas que cada um tem em relação ao outro e tragam para a sessão. Um não pode ver o que o outro escreveu." Quando trouxerem na sessão: "Coloquem tudo neste envelope. Eu vou lacrar e quero que enterrem em um lugar que não costumam frequentar, sem olhar o que tem dentro do envelope, mentalizando que estão deixando para trás o passado."
Variação	Pode-se pedir que, individualmente, os participantes enviem com antecedência as listas. O terapeuta coloca num envelope lacrado, e um cônjuge não vai sequer ver a lista do outro. Esta estratégia é útil quando se prevê que o montante de mágoas listadas por cada um é muito diferente.
Observações	Essa técnica é muito útil, pois traz a possibilidade de trabalhar as mágoas de maneira simbólica, através de ritual. Essa é a maneira mais eficaz de se lidar com o assunto, pois trazer as mágoas à tona verbalmente, em uma sessão, só serve para atualizar as dores e criar novas mágoas. Como todo ritual, exige muito cuidado na sua prescrição. Só se utiliza essa técnica se o casal concorda em deixar o passado para trás e está decidido a fazer o processo de mudança e retomada da relação.

Perguntas	-Como saber se o casal está em processo? R. Estar em processo pressupõe ter algum nível de consciência sobre seu próprio padrão de funcionamento e estar disposto a assumir responsabilidade sobre suas escolhas. - O que fazer se eles não fazem a tarefa? R. É necessário avaliar e trabalhar o quanto querem realmente deixar as mágoas inúteis para trás. - O que fazer se compartilharem o que escreveram ou abrirem o envelope em casa? R. O terapeuta deve discutir com eles a pertinência para a terapia e a disponibilidade real para fazer a tarefa. É importante que eles compreendam que é uma tarefa ritual, que tem como função encerrar o "jogo do sem fim"[16] em que eles estão envolvidos e que mais importante do que o conteúdo das mágoas é o exercício de se desfazer do álibi que as mágoas dão. - O que fazer se discutem a respeito das mágoas ao entrar na sessão? R. O terapeuta deve refletir com eles sobre a dificuldade que têm em abrir mão de usar as mágoas passadas como arma para discussão. - O que fazer se esquecem de enterrar os envelopes? R. Novamente, pode ser trabalhado o quanto querem realmente encerrar o episódio. Ao mesmo tempo, o terapeuta deve ter em mente que cada casal tem seu próprio tempo para realizar esse desprendimento.

---

[16] WATZLAWICK, P.; WEAKLAND, J.; FISCH, R. **Mudança**. Princípios de formação e resolução de problemas. São Paulo: Cultrix, 1977.

Título	⑨⑤ **TREINO DE MUDANÇA**
Objetivo	Ajudar o casal a se comprometer com as mudanças de comportamento necessárias para a melhor qualidade do relacionamento.
Código	C
Material	Papel e lápis.
Consignas	"Cada um deve trazer, na próxima sessão, uma lista de ações que gostaria que o outro fizesse ou deixasse de fazer." Na sessão, compartilhar e fazer circular as listas. "Agora, cada um escolhe, na lista do outro, o que está disposto a fazer nesse momento e leva como tarefa para treinar."
Variações	Pode-se realizar a mesma tarefa dentro de um tema. Por exemplo: o que gostaria que o outro fizesse como carinho/agrado; o que gostaria que o outro assumisse em casa; o que gostaria que o outro dissesse. Outra possibilidade de consigna: "Entre as coisas que você viu que o outro gosta, escolha uma, sem que ele saiba, e faça para agradá-lo, de forma que ele perceba."
Observações	Essa técnica traz a possibilidade de deixar explícito ao casal o que um parceiro espera do outro em diversas situações. É importante trabalhar a aceitação da impossibilidade do outro em atender determinada necessidade, bem como levantar alternativas de como suprir sua própria necessidade e como tentar suprir a do outro. Como em todas as técnicas de casal, deve ser feita a mesma prescrição para os dois membros.
Pergunta	- O que fazer se um dos parceiros achar que não pode atender em nada os apelos da lista do outro? R. O terapeuta deve rever a pertinência do cliente em relação ao processo terapêutico e trabalhar com esse impasse.

Título	⑨⑥	**MAPEAMENTO DOS ESPAÇOS**
Objetivos		Possibilitar ao terapeuta e ao cliente explicitarem a forma como lidam com os espaços, concreto e simbólico. Proporcionar aprendizagens quanto a estabelecer limites, espaço individual e espaço do casal.
Código		C
Material		Papel, lápis e caixa contendo ícones.
Consigna		"Cada um desenha e mapeia seu espaço individual e o espaço comum: - na sua casa; - na vida com os filhos; - no social."
Variação		Pode-se solicitar que façam o mapa usando ícones.
Observações		Explorar as questões relacionadas ao que o casal faz junto, ao que os cônjuges fazem separados, aos espaços em casa, etc. A utilidade dessa técnica é definir, a partir do mapeamento, as aprendizagens e mudanças que devem ser feitas a seguir.
Pergunta		- O terapeuta explica como mapear? R. Pode-se dar mais definições sobre como mapear, mas é mais útil que eles decidam como fazer.

Título	⑨⑦ **BOLO DE INTERESSES**
Objetivo	Possibilitar o levantamento de interesses do casal e do seu investimento na relação.
Código	C
Material	Papel e lápis.
Consigna	"Individualmente, desenhem um bolo, dividindo as fatias em tamanhos proporcionais ao tempo e investimento de energia que dispõem para cada um de seus interesses. Dentro de cada fatia mencionem qual é o interesse."
Variação	Pode-se usar caixa de ícones com vários tamanhos; nesse caso, cada um escolhe os objetos para simbolizar seus interesses.
Observação	No trabalho verbal, é importante verificar como se combinam ou não os interesses do casal, como estão divididos e qual o investimento de tempo e energia na relação.
Pergunta	- Quando é útil usar essa técnica? R. Quando o terapeuta quer conhecer melhor o funcionamento do casal ou quando o tema de discussão é relacionado a ele.

Título	**98 DOMINADOR X DOMINADO**	
Objetivo	Possibilitar ao casal trabalhar as questões relacionadas ao poder.	
Código	C	
Material	Espaço adequado.	
Consignas	"Vocês vão dramatizar uma situação de 'dominador' e 'dominado'. Um deita de bruços, o outro coloca o pé em cima e assume a postura de 'dominador'." Para o "dominador": "Dê para o 'dominado' uma ordem que considere importante." Para o "dominado": "Reaja de acordo como se sente nessa situação." Para o "dominador": "Fale e reaja de acordo como se sente." "Invertam as posições e repitam a dramatização."	
Variações	De acordo com o que estiver sendo trabalhando, pode-se escolher outra dupla relacional complementar. Por exemplo: capaz x incapaz; potente x impotente, rápido x lerdo.	
Observações	Na aplicação dessa técnica, é importante limitar o número de ordens para que não vire um depósito de críticas e mágoas. Compartilhar as sensações e emoções e definir encaminhamentos para fazer bom uso do exercício.	
Pergunta	- Podem surgir situações que extrapolam a relação do casal? R. Sim, podem surgir conteúdos de situações anteriores ao relacionamento ou de outros espaços individuais. O terapeuta deve estar atento e avaliar se esses conteúdos estão influenciando na relação do casal.	

Título	(99) **ROTINAS**
Objetivos	Levantar como cada membro do casal trata as questões rotineiras em seu relacionamento. Abrir hipóteses para flexibilizar e usar a criatividade no relacionamento do dia a dia.
Código	C
Material	Papel, lápis preto e colorido.
Consigna	"Como tarefa para a próxima sessão, quero que cada um de vocês liste as rotinas de um dia comum e as rotinas de um dia especial."
Variações	Pode-se solicitar que desenhem um dia comum e um dia especial. Pode-se definir qual dia especial: dia de aniversário, domingo, feriado.
Observação	Além de ser utilizada como tarefa para casa, essa técnica pode ser realizada na sessão. Deve-se fazer circular e trocar informações, abrindo para alterações e flexibilizações pertinentes às mudanças necessárias.
Pergunta	- Pode ser usada com famílias? R. Pode ser adaptada a famílias e também para atendimento individual, desde que haja um objetivo claro.

Título	**(100) SINGULARIDADES, DIFERENÇAS E SEMELHANÇAS**	
Objetivo	Proporcionar ao cliente a tomada de consciência de seu funcionamento diante da vida e de outras pessoas.	
Código	C	
Material	Folhas em branco e lápis.	
Consigna	"Na sua folha, cada um faz três colunas: na primeira, lista o que tem na maneira de funcionar que é só seu, que é sua particularidade; na segunda, lista o que os dois têm de parecido; na terceira, o que os dois têm de completamente diferente."	
Variação	Pode-se pedir para o cliente desenhar em vez de listar.	
Observação	Compartilhar as listas e trocar impressões sobre a percepção de cada um. Observar a forma de comunicação, a aceitação ou não das opiniões diferentes, a argumentação.	
Pergunta	- Como complementar o trabalho? R. O terapeuta deve ficar atento ao padrão de funcionamento do casal e levantar formas funcionais de lidar com as diferenças e semelhanças.	

Título	(101) **REAÇÃO**
Objetivos	Proporcionar aos cônjuges a oportunidade de conscientização do padrão de funcionamento de ambos. Refletir sobre as reações de ambos sobre determinadas situações e sentimentos. Desenvolver respeito com relação às diferenças.
Código	C
Material	Folhas de sulfite com a lista, lápis e borracha.
Consigna	"Eis uma lista de situações/comportamentos/sentimentos. Cada um, na sua folha, escreva: na primeira coluna, a sua reação diante do que está descrito e, na última coluna, a reação do cônjuge."
Variações	Pode-se pedir que o casal liste a forma como demonstra sentimentos. Por exemplo: raiva, amor, paixão, tristeza, ciúme, insatisfação com o cônjuge. Após os dois fazerem a lista, pedir que listem o que querem trabalhar.
Observação	É importante que o cliente, ao compartilhar o trabalho individual, reflita sobre as diferenças, as semelhanças, como se vê, respeita-se, etc. Depois, avaliar de que outra forma poderia tratar a situação com o cônjuge.
Pergunta	- A tabela pode ser montada pelos clientes? R. As situações que estão na tabela são dificuldades que o casal já demonstrou que existe ou que já tenham sido percebidas pelo terapeuta em sessões anteriores. Podem ser montadas pelo casal em conjunto com o terapeuta.

Como eu reajo	Situação	Como meu cônjuge reage
	Com frustração	
	Com invasão	
	Com grito	
	Com palavras de baixo calão	
	Quando diz não	
	Quando recebe não	
	Quando alguém morre	
	Com tristeza	
	Com paixão	
	Com amor	
	Com raiva	
	Com mágoa	

Título	(102) **MELHOR FORMA**
Objetivo	Auxiliar os cônjuges a ampliarem sua percepção em relação ao funcionamento de ambos no que diz respeito à vingança e sabotagem. Encontrar novas possibilidades dentro do relacionamento.
Código	C
Material	Papel e caneta.
Consignas	"Faça uma lista das exigências que seu cônjuge faz a você." "Agora, faça uma lista de quais seriam os melhores elementos que você poderia usar para sabotar tais exigências."
Variações	Pedir para o cliente listar quais as melhores formas de ajudar o outro. Pedir para listar quais são os melhores jeitos de fazer o outro pagar pelos erros que cometeu.
Observações	Essa técnica deve ser desenvolvida em sessões individuais com cada membro do casal. É importante lembrar que isso não é uma preparação para guerra entre o casal, e sim uma forma de fazer circular conteúdos inconscientes que estão permeando a relação.
Pergunta	- O que fazer se a pessoa que está na sessão individual ficar só falando do que o cônjuge faz? R. A proposta é trabalhar as dificuldades daquele que está presente; portanto, o terapeuta deve sempre trazer a situação mencionada ou o problema para as questões dele. Diante de sua fala, o terapeuta pode dizer: "Como você reagiu? Como isso feriu você? Como poderia lidar com essas colocações? Como colocar um basta? Como aproveitar a oportunidade para perceber o seu funcionamento?"

Título	(103) **RESPONSABILIDADES/DIREITOS**
Objetivos	Focalizar, marcar e clarear o que cada um acredita que são direitos e deveres na relação. Mapear o funcionamento do casal. Sinalizar as coincidências e as percepções diferentes que cada um tem do cônjuge.
Código	C
Material	Folha de sulfite e lápis.
Consigna	"Listem, individualmente, as responsabilidades e os direitos de um e de outro, existentes dentro do relacionamento conjugal."
Variação	Pode-se pedir que listem outros pares complementares que estejam em foco naquele momento do processo.
Observação	Essa é uma estratégia para explicitar as insatisfações e as faltas reais entre o casal. A partir deste mapeamento, inicia-se o trabalho de reformulações e alterações nos tópicos do relacionamento.
Pergunta	- O que fazer se um não estiver de acordo com o que foi listado pelo outro? R. Mais importante do que a lista é a possibilidade de trazer para a discussão os conflitos, os confrontos e as dificuldades reais do casal. O desacordo sobre o que o outro escreveu abre esses conteúdos.

Título	(104) **PROVA DE AMOR**
Objetivos	Possibilitar que o casal lide de forma concreta com suas carências e suas depositações. Explicitar o que cada membro do casal acredita ser o real significado de "prova de amor". Abrir possibilidades para o casal fazer mudanças a partir de dados de realidade.
Código	C
Material	Papel e lápis.
Consigna	"Listem, individualmente, o que vocês acreditam que seja 'prova de amor'."
Variação	Nenhuma.
Observações	Quando for passada como tarefa de casa, deve-se prescrever que a tarefa não seja comentada entre os cônjuges até a próxima sessão. Essa técnica só dever ser usada quando o casal já está em processo. Fora de hora, pode se transformar numa permissão para reclamações e queixas. É uma técnica útil, pois a maioria das pessoas acredita que demonstra seu amor; porém, muitas vezes, não tem ideia do que é prova de amor para o outro, nem se o que faz realmente é percebido da mesma forma pelo outro.
Pergunta	- O que fazer se eles trouxerem de forma pouco clara seus desejos? R. O terapeuta deve circular entre as questões de modo que fique muito explícito o que cada um quis dizer e o que o cônjuge compreendeu. É muito importante deixar claras suas opiniões e desejos.

Título	(105) O MELHOR E O PIOR
Objetivos	Desenvolver a capacidade de raciocínio diante do novo. Auxiliar na compreensão do padrão de funcionamento do casal. Treinar situações futuras.
Código	C
Material	Papel e canetas.
Consigna	"Listem, individualmente, o que de melhor e de pior poderia acontecer com vocês se ocorressem as seguintes situações: - vocês mudassem de cidade; - um dos dois perdesse o emprego; - um dos dois mudasse de emprego; - vocês tivessem um filho."
Variação	As situações devem ser escolhidas a partir do que o terapeuta já conhece do casal. Deve ser avaliada a utilidade que a reflexão sobre tais situações pode ter naquele momento.
Observação	Usar temas dentro das possibilidades do casal, do que está sendo trabalhado ou, em alguns casos, das questões sobre as quais os cônjuges evitam falar.
Pergunta	- O que fazer se eles disserem que não saberiam o que fazer diante de determinada situação? R. O terapeuta pode ajudá-los a achar soluções, fazendo perguntas que os levem a uma resposta. É uma oportunidade de treinar novas perspectivas, pensar juntos, decidir juntos a partir das dificuldades e facilidades que sabem que têm.

Título	**(106) DRAMATIZAÇÃO DAS CARACTERÍSTICAS DO PARCEIRO**
Objetivo	Proporcionar ao casal oportunidade para explicitar e perceber melhor seu funcionamento.
Código	C
Material	Papel branco e lápis.
Consignas	"Cada um escreve no papel duas qualidades, duas manias e dois defeitos próprios, sem que o outro veja." "Dobrem os papéis e troquem entre si." "Agora, cada um faz uma dramatização de como o outro age numa situação do dia a dia, usando as características descritas no papel. A pessoa que está sendo 'imitada' não pode interferir."
Variações	Pode-se pedir que cada um escolha só uma característica, sem dar conotação.
Observação	Após a dramatização, o terapeuta deve pontuar como as situações dramatizadas ajudam/atrapalham/irritam e quais as emoções e sensações que aparecem quando cada um enxerga a si mesmo na representação do outro.
Pergunta	- O que fazer se a dramatização for muito satírica? R. É preciso lidar com os sentimentos desencadeados, com as intenções subliminares, com os padrões e as aprendizagens necessárias.

Título	(107) **BRASÃO DA FAMÍLIA**
Objetivos	Proporcionar a percepção de valores do sistema. Propiciar o trabalho com mudanças sistêmicas (casamentos, divórcios), buscando crescimento para os participantes e trazendo à tona as dificuldades. Facilitar a autoavaliação da família.
Código	I C F G
Material	Lápis preto, de cor e papel.
Consigna	"Desenhe um brasão de sua família."
Variações	Pode ser pedido brasão da família de origem (pai, mãe e irmãos), da família atual (casal e filhos) ou da família ideal. Pode ser feito com colagem em vez de desenho.
Observações	A partir de sua avaliação, o terapeuta pode deixar que o cliente escolha qual família vai usar como referência para construir o brasão. A exploração deve ser feita na forma (elementos soltos no espaço, com contorno, sem contorno, com contorno rígido ou não, formas e cores) e no conteúdo (o valor que está presente no sistema, a história desse valor, a manutenção ou não do valor, o que resta quando se abre mão do valor, etc.). O brasão pode ser utilizado em um momento de reconstrução do sistema (separações, casamentos, nascimentos). Quando utilizado com casais, traz à tona as questões mais difíceis do relacionamento, e podem surgir dificuldades aos participantes em aceitar e administrar as diferenças.
Perguntas	- O que é um brasão? R. Um brasão é um conjunto de peças, figuras e ornatos disposto no campo do escudo que representa os valores de um sistema. Em Terapia Familiar, foi adaptado como um espaço no qual se desenham, simbolicamente, os valores básicos de uma família. A escolha da forma e dos símbolos usados já é uma indicação dos dados e valores específicos daquele sistema. - O que fazer se o cliente não souber o que é um brasão? R. Pode-se dar um exemplo dos brasões clássicos, de Estados ou Países, mas salientando que não existe uma forma correta e que o importante é trazer à tona as questões familiares.

Título	**(108) PRIMEIRO ENCONTRO**
Objetivos	Abrir possibilidades de avaliar a relação e definir áreas a serem retomadas. Clarear qual era a expectativa de cada membro do casal quando conheceu seu cônjuge. Tomar consciência do que é possível retomar como casal.
Código	I C
Material	Papel branco e lápis.
Consigna	"Lembre do primeiro momento em que viu seu cônjuge e escreva a sensação/o pensamento que teve."
Variações	Invente uma história sobre o primeiro encontro de vocês. Escreva uma história sobre como gostaria que tivesse sido o primeiro encontro de vocês.
Observações	Os dados do primeiro encontro fazem um mapa aproximado do que vai acontecer na relação. Usualmente, o casal não tem consciência do que está acontecendo. Trabalhar com esses fatos leva os cônjuges a enxergar o que foi sendo escrito na relação, possibilitando trocas de idealizações, depositações, expectativas e decepções por negociações e recontratos. É importante deixar claro para os envolvidos que os fatos que aconteceram não são importantes, e sim a leitura que cada um fez deles. Portanto, não se deve discutir se era verdade ou não, se foi assim ou não, mas conotar como verdadeiras as leituras particulares e trabalhar na reconstrução, e não na competição pela verdade.
Pergunta	- O terapeuta deve relatar as decepções percebidas? R. A partir do que o casal percebe, o terapeuta vai acrescentando seu ângulo de visão, de forma a auxiliar os cônjuges a ter clareza das reformulações necessárias. É uma ótima oportunidade para trabalhar a tolerância e a frustração de ambos.

Título	(109) **CRIATIVIDADE NÃO VERBAL**
Objetivo	Explicitar como o sistema lida com a criatividade e o inusitado e como cria as próprias regras.
Código	C F G
Material	Jornais, toalhas, bolas, balões, canudos de papelão, caixas de papelão, tecidos, fitas diversas, bambolês, revistas, cordas de algodão, entre outros.
Consigna	"Vocês têm esse material, esse espaço e o seu corpo. Usem de acordo com sua criatividade e espontaneidade. Usem todas as formas de expressão, menos a verbal."
Variação	Pode-se dar novas consignas durante o trabalho em função da reação dos participantes e do que o terapeuta deseja que experimentem.
Observações	É importante que os materiais sejam em quantidade suficiente, o espaço seja adequado e o objetivo seja claro. Pode-se disponibilizar um só tipo de material ou vários ao mesmo tempo.
Pergunta	- O que fazer se eles não fizerem nada? R. Ao usar técnicas como essa, sem uma estrutura rígida, o terapeuta deve ficar atento à sua própria ansiedade. Deve dar algum tempo para que os clientes comecem a trabalhar. Se isso não acontecer, pode dar outras consignas que direcionem mais o trabalho; depois, nos comentários, avaliar o que aconteceu.

Título	⑪⓪ **VÍNCULOS**
Objetivo	Aumentar a percepção do cliente sobre seus vínculos e as possibilidades de aprendizagem e de trabalho terapêutico.
Código	I G
Material	Papel com um círculo grande desenhado (Anexo 2) e lápis.
Consigna	"Mapeie, individualmente, no círculo, seus vínculos atuais. Use os espaços como indicadores de proximidade e os seguintes traçados para indicar a qualidade do vínculo: _____ vínculo bom; _ _ _ _ _ _ _ vínculo com alguns problemas; .... vínculo difícil."
Variação	Durante o trabalho verbal, explorar com o cliente: "O que poderia ter aprendido com essa pessoa e não aprendeu? O que pode aprender? O que a pessoa aprendeu com você? O que a pessoa pode ou podia ter aprendido com você?"
Observação	É importante deixar claro para o cliente que o vínculo é construído entre duas pessoas, que depende de dados reais e de depositações e que o trabalho terapêutico serve para clarear esses dados.[17]
Pergunta	- O que fazer se o cliente só trouxer dados negativos dos seus vínculos? R. É importante que o terapeuta avalie qual é o padrão de vínculos do cliente, para poder trabalhar no seu funcionamento, sem dar brechas para ele depositar no outros suas dificuldades ou racionalizações.

---

[17] PICHON-RIVIÈRE, E. **Teoria do vínculo**. São Paulo: Martins Fontes, 1982

Título	**(111) MAPA DA FAMÍLIA**	
Objetivo	Proporcionar ao cliente uma visão geral do funcionamento da família, possibilitando o aprendizado de novas estratégias para lidar com situações concretas.	
Código	I C F G	
Material	Papel e lápis.	
Consigna	"Faça um mapa de sua família."	
Variações	Pode-se explicar formas de fazer o mapa em função de temas específicos que se deseja avaliar. Podem ser utilizados ícones. Pode-se pedir que cada um faça um mapa e, juntos, em um quadro, trabalhem as semelhanças e diferenças.	
Observação	Se não houver um aspecto específico para ser avaliado, é mais adequado dar a consigna bem ampla e, a qualquer pergunta do cliente, sugerir que faça de acordo com sua compreensão, sem se preocupar se está certo ou não.	
Pergunta	- Quando usar essa técnica? R. No início, para conhecer a família do cliente, ou durante o processo, a fim de abrir espaço para trabalhos específicos com os conteúdos familiares.	

Título	(112) VOU FALAR DISSO... PARA NÃO FALAR DAQUILO
Objetivos	Propiciar ao terapeuta e ao cliente fazerem circular assuntos que não são falados. Levantar temas e conteúdos que precisam ser trabalhados.
Código	F G
Material	Nenhum.
Consignas	"Façam um círculo." "Um dos participantes inicia, dizendo: 'Vou falar de X (um assunto qualquer) para não falar de Y (outro assunto).'" "A pessoa seguinte na roda segue, dizendo: 'Vou falar de Y (o último assunto falado) para não falar de Z (um novo assunto).'"
Variações	Pode ser adaptado para trabalhar com casais. Ao terminar a sequência, trabalha-se sobre os temas que surgiram, sobre os sentimentos e as emoções que foram desencadeados. Pode-se usar uma vela, das bem pequenas e finas; a pessoa que estiver falando segura a vela acesa e, se não terminar de falar antes de terminada a vela, será a protagonista para trabalhar o conteúdo de que falou. Essa hipótese acrescenta um nível extra de ansiedade e só deve ser usada em grupos terapêuticos ou famílias que estejam realmente envolvidos no processo terapêutico.
Observação	Deve-se fazer circular, no mínimo, três vezes na roda.
Pergunta	- Pode-se usar quando a família não quer falar sobre determinados assuntos? R. É uma adaptação da técnica de associação livre e pode trazer à tona os conteúdos que não estavam conscientes ou só mostrar o padrão de funcionamento da família ou do grupo.

Título	(113) EU GOSTARIA
Objetivos	Auxiliar o terapeuta a enxergar o padrão de funcionamento do sistema. Trazer à tona as questões relacionais que não estão sendo clareadas e trabalhadas. Explicitar para o cliente o padrão de suas escolhas.
Código	F G
Material	Papel e caneta.
Consigna	"Escolha o nome de uma pessoa do grupo/da família para completar cada uma das frases seguintes: - Eu gostaria de estudar com... - Eu gostaria de passear com... - Eu gostaria de conversar com... - Eu gostaria de compartilhar com... - Eu gostaria de trabalhar com... - Eu gostaria de trocar com..."
Variação	O conteúdo e o número das frases devem ser organizados em função da realidade do cliente e do que se deseja trabalhar.
Observações	Assim que todos completarem as listas, cada um lê a sua para o grupo e, a partir das situações surgidas, as questões serão trabalhadas. Os temas mais comuns de aparecer são: dificuldade de assumir escolhas, receio de magoar, sentimentos com relação à rejeição.

Perguntas	- Como trabalhar relações pessoais com essa técnica? R. A partir do mapeamento, aparecem as condições que dificultam as escolhas e as relações; então, através de reflexão e pesquisa, pode-se chegar a clarear o que realmente acontece e a definir novas formas de fazer escolhas e relacionar-se. - O que fazer se alguém não for escolhido? R. Não importa o conteúdo das escolhas, mas sim os padrões que aparecem; é neles que se deve focar e trabalhar.

Título	(114)	**EMBOLAR/DESEMBOLAR**
Objetivo		Propiciar aos participantes um contato com o funcionamento individual e grupal.
Código		G
Material		Espaço adequado.
Consignas		"Todos em pé, dêem-se as mãos, fechem os olhos e entrem em contato com o corpo... com sua respiração... com sensações... sentimentos... com os pontos de contato com os outros." "Avaliem seu funcionamento nas situações gerais da vida... se são impulsivos... se esperam os outros agirem... se são os primeiros..." "Aos poucos, procurem fazer o oposto do que sempre fazem, movimentem-se... de olhos fechados... sentindo os contatos... os movimentos." "Movimentem-se até que o grupo ocupe o menor espaço possível." "Sintam o contato com o corpo... as sensações... os sentimentos... nessa situação... Abram os olhos e olhem sem se mexer." "Fechem os olhos novamente e, aos poucos, desembolem, até ocuparem o maior espaço possível na sala. Percebam as sensações... e, só então, abram os olhos." "Compartilhem a vivência, as sensações, as descobertas."
Variação		Pedir aos membros do grupo que criem consignas para serem usadas, referentes às suas situações no dia a dia.
Observação		Pode ser utilizada para avaliar funcionamento individual e grupal.
Pergunta		- Pode ser usada com famílias? R. Só com famílias com um número grande de membros.

Título	⑪⑤ **DESENHO DA PLANTA BAIXA DA PRIMEIRA CASA**
Objetivos	Propiciar a integração entre presente, passado e futuro. Auxiliar no resgate de emoções. Trabalhar com questões míticas, de contato corporal e de espaço, com valores.
Código	I C F G
Material	Lápis preto, de cor e papel.
Consigna	"Nessa folha, desenhe a planta baixa de sua primeira casa."
Variações	Pedir que, após desenhar a primeira casa em que viveu, o cliente faça pesquisa de campo, visitando ou indo até onde estava localizada. Pedir para representar a planta baixa com almofadas e objetos. Pedir para colorir os cômodos e pesquisar sobre a escolha das cores. Solicitar que desenhe as pessoas e os fantasmas da casa. Pedir para registrar aspectos e emoções negativos e positivos.
Observações	O uso dessa técnica é pertinente quando há uma questão de contato corporal ou questões de espaço nos conteúdos que estão sendo trabalhados. Explorar vários aspectos do desenho: cores, luzes, colocação ou retirada de pessoas, relações e experiências vividas no lugar. Explorar como aconteceu a "relação" com os irmãos nessa casa, fatos marcantes (morte, perda de espaço). Explorar os lapsos (partes da casa sobre as quais não se falou), temperatura, clima e estações. Pode-se perguntar ao cliente quais reformas gostaria de fazer.

Perguntas	- O que fazer se o cliente não lembrar da primeira casa? R. A proposta é desenhar a primeira casa em que viveu. Se o cliente não lembrar, porque viveu pouco tempo lá, insistir que desenhe a fantasia ou a intuição que tem dela; depois, pode complementar com a casa da qual primeiro se lembre. - O que fazer se o cliente sentir vergonha de sua casa ou de sua história? R. O terapeuta deve ter cuidado para não ficar cúmplice do padrão do cliente; em tal situação, o terapeuta pode pedir que ele desenhe uma casa que lhe traga alegria, a casa ideal ou a casa do futuro. - Como utilizar essa técnica com casal e família? R. Depende do objetivo e do que se quer trabalhar. Com grupos, pode-se usar individualmente para cada um dentro do grupo. Para famílias, pedir que todos desenhem a primeira casa da família ou que cada um desenhe sua primeira casa e compartilhe com a família. Para casais, pode-se pedir que os cônjuges desenhem sua primeira casa de casal ou cada um desenhe sua primeira casa; depois, trabalhar os conteúdos que aparecerem.

Título	⑯ **EU, MEU PASSADO E MEU FUTURO**
Objetivo	Auxiliar na identificação de novos dados relacionados ao cliente e à sua história.
Código	I F G
Material	Papel e lápis.
Consignas	"Sente-se, confortavelmente, e feche os olhos. Imagine um caminho, imagine uma casa. Ao entrar nela, verá uma sala com quatro portas. Em cada porta, há uma placa em que está escrito o tema daquele cômodo. Abra cada uma das portas e veja o que aparece em cada cômodo." "Na primeira porta, está escrito 'Meu passado'. Abra e veja. Quando estiver satisfeito com a inspeção, feche a porta e vá para o outro cômodo. Faça o mesmo com cada um deles." "Na segunda porta, está escrito 'Meu futuro'; na terceira, 'Ser amado'; na quarta, 'Eu'." "Quando terminar o exercício com as quatro portas, abra os olhos e desenhe num papel as imagens que viu nos quatro cômodos." "Agora, vamos compartilhar as experiências."
Variação	As inscrições para as portas podem ser escolhidas em função da história e do funcionamento do cliente.
Observações	Essa técnica é adequada para lidar com a fantasia e com situações simbólicas. É útil para os momentos do processo em que o terapeuta precisa de novos conteúdos para trabalhar.
Pergunta	- O que fazer se o cliente não consegue ver nada? R. O terapeuta pode pedir que imagine alguma coisa.

Título	**(117) O OUTRO LADO**
Objetivos	Permitir a explicitação das polaridades ou de aspectos implícitos e não conscientes de alguma situação, relação ou algum sentimento. Adquirir consciência sobre elementos conflitantes e perceber formas alternativas para expressar as emoções.
Código	I
Material	Fantoches.
Consigna	"Utilizando os fantoches, mostre o outro aspecto ou o oposto desse sentimento."
Variações	Solicitar que o cliente mostre, através dos fantoches, a forma como nunca reagiria naquela situação. Pedir que o cliente dramatize a seguinte frase: "Se eu sentisse o oposto do que eu sinto, eu…"
Observações	Essa técnica permite dar voz a emoções escondidas e lados suprimidos. É uma técnica útil quando o terapeuta tem hipóteses do que está acontecendo, mas precisa que o cliente entre em contato com a questão.
Pergunta	- O que fazer se o cliente não conseguir participar? R. O terapeuta pode propor hipóteses de como fazer, dando um modelo; depois, estimular o cliente a fazê-lo.

Título	**(118) QUEM É QUEM**
Objetivos	Avaliar e identificar o padrão de funcionamento da família/do grupo e definir as aprendizagens que necessitam ser feitas. Avaliar o nível de auto e heteropercepção.
Código	F G
Material	Lista de características (Anexo 3), quadro ou papel grande e caneta hidrográfica.
Consignas	"A partir dessa lista, cada um selecione a característica que melhor representa cada membro da família/do grupo, incluindo a si mesmo." "Após todos preencherem a lista, fazer uma grade no quadro ou em papel grande para avaliar as combinações."
Variação	Os itens da lista podem ser variados de acordo com o que se pretende trabalhar.
Observações	O terapeuta deve observar como se dão as escolhas das características, ressaltar a quantidade de escolhas de uma mesma característica para determinada pessoa e relacioná-la com a característica que ela escolheu para si. Fazer circular os conteúdos através de exemplos.
Pergunta	- O que fazer se os participantes não estiverem de acordo entre si a respeito das escolhas? R. É útil enfatizar a ideia de que cada pessoa percebe conforme sua experiência pessoal e maneira de ser. Trabalham-se, então, as formas de lidar com diferenças.

Título	⑲ **XADREZ**
Objetivo	Avaliar e identificar o padrão de funcionamento do casal através de movimentos corporais.
Código	C
Material	Espaço adequado.
Consignas	"A uma distância razoável, fiquem um de frente para o outro." "Façam movimentos com o corpo como se fossem peões de um jogo de xadrez. Cada um, na sua vez, dê um passo; pode ser para frente, para o lado ou para a diagonal."
Variação	Pode-se repetir várias vezes o jogo, avaliando as semelhanças e diferenças entre os dois participantes e entre uma jogada e outra.
Observações	É uma técnica excelente para verificar como cada membro do casal age em função do movimento do outro. Nessa técnica, pode aparecer muito do padrão do casal que, nem sempre, os cônjuges conseguem colocar em palavras. A partir do que surge nas jogadas, definem-se aprendizagens e mudanças necessárias.
Pergunta	- O que é uma distancia razoável? R. De 6 a 10 metros, dependendo do que a sala permitir.

Título	ⓩ **PERDÃO**
Objetivo	Auxiliar o cliente a liberar-se e liberar outras pessoas das culpas em relação a fatos do passado.
Código	I
Material	Folha com a frase, dobrada.
Consignas	"Na data escrita no papel que você vai receber, abra o papel e cumpra a tarefa." No papel está escrito: "Repita muitas vezes ao dia, alto, baixo, em frente ao espelho, só em pensamento a seguinte frase: 'Eu me perdoo; eu os perdoo.'"
Variação	Repetir mil vezes ao dia, como se fosse um mantra.
Observações	Essa técnica só deve ser usada quando o tema já foi bem trabalhado e o cliente já tem clareza de que as mágoas não estão facilitando o processo e já tem o desejo de perdoar. É útil também quando a pessoa sente-se, de alguma forma, culpada pelos acontecimentos.
Pergunta	- O que fazer se o cliente não cumprir a tarefa? R. Trabalha-se a questão, as dificuldades em perdoar, os fantasmas que ele tem sobre o que acontecerá se perdoar aos outros e a si mesmo.

Título	(121)	**CARTA**

Objetivo	Possibilitar que o cliente desprenda-se de questões do passado que o estão impedindo de fazer aprendizagens ou mudar o padrão.
Código	I
Material	Papel de carta.
Consigna	"Você vai escrever uma carta para si mesmo, na idade que esse fato aconteceu. Fale dos seus sentimentos e de como vê a situação. Ao final, proponha soluções e feche a questão."
Variação	A partir da carta, pode-se dramatizar o encontro consigo mesmo, como criança.
Observações	Pode ser usada em todas as situações em que acontecimentos geraram sentimentos muito fortes, não importando se foram desencadeados pelo próprio cliente ou por outras pessoas. É importante que a técnica seja acompanhada de um trabalho de conscientização do cliente, para que ele perceba como usa a lembrança e o fato, sempre em aberto, como álibis.
Pergunta	- Pode ser usada para sentimentos antigos, mesmo que o cliente não lembre da situação traumática? R. Sim, desde que adaptada à situação.

Título	(122)	**PADRÕES COMUNICACIONAIS**

Objetivos	Auxiliar o cliente a ter consciência dos padrões aprendidos na família de origem e de como ainda estão presentes. Levantar as aprendizagens necessárias no padrão de comunicação/funcionamento.
Código	I C G
Material	Papel branco e lápis.
Consignas	"Divida a folha em branco que recebeu em três espaços." "No primeiro, faça um desenho que mostre como era a comunicação na sua família de origem." "No segundo, um desenho de como é sua comunicação na sua família atual (se tiver uma nova família) ou no seu relacionamento afetivo atual." "No terceiro, um desenho de como é sua comunicação no campo profissional."
Variação	O terceiro desenho pode ser direcionado para outra área da vida do cliente, que esteja sendo trabalhada.
Observações	É uma técnica indicada para clientes que já estão acostumados a trabalhar seus padrões de funcionamento e têm desejo de melhorar sua consciência e seu controle das compulsões. Como a comunicação é um dos padrões aprendidos na família de origem, os aspectos funcionais e disfuncionais são profundamente introjetados e repetem-se nas outras relações. É importante auxiliar o cliente a enxergar o que está mantendo, mesmo que, aparentemente, tenha feito mudanças.
Pergunta	- Como se trabalha em grupo e casal? R. Em grupo, cada um faz seu trabalho individual; depois, os desenhos são compartilhados e trabalha-se a partir deles. No casal, cada um faz seus desenhos; depois, foca-se no padrão comunicacional do casal e trabalha-se a partir disso.

Título	⑫㉓ **DESENHO DOS PADRÕES SEXUAIS**
Objetivo	Auxiliar o cliente a enxergar seu padrão de funcionamento e as aprendizagens necessárias.
Código	I C
Material	Papel e lápis.
Consignas	"Faça um desenho simbólico, tendo como foco seus pais no ato sexual, de acordo com sua percepção." "Faça um desenho simbólico, tendo como foco a si mesmo no ato sexual."
Variação	Pode-se acrescentar outros desenhos que sejam pertinentes.
Observações	Essa técnica é útil para que o cliente compreenda como seu funcionamento é unitário e aparece em todas as áreas de atuação. Para cliente com queixas sexuais, é um bom ponto de partida a fim de que compreenda que sua sexualidade faz parte do seu comportamento em geral e que mantém o mesmo padrão de outras áreas.
Pergunta	- No trabalho com casais, como se usa essa técnica? R. Quando se está trabalhando com queixas ou questões sexuais, após os desenhos, foca-se nos padrões gerais de funcionamento, clareando pontos que precisam ser trabalhados na relação do casal e individualmente.

REFERÊNCIAS

DYCHWALD, K. **Corpomente**. Tradução de: Maria Sílvia Mourão Neto. São Paulo: Summus, 1984.

FONSECA FILHO, J. de S. **Psicodrama da loucura**. Correlações entre Buber e Moreno. São Paulo: Agora, 1980.

KELEMAN, S. **O corpo diz sua mente**. Tradução de: Maya Hantower. São Paulo: Summus, 1996.

LOWEN, A. **Bioenergética**. São Paulo: Summus, 1986.

PICHON-RIVIÈRE, E. **Teoria do vínculo**. São Paulo: Martins Fontes, 1982.

ROJAS-BERMÚDEZ, J. G. **Núcleo do eu**. Leitura psicológica dos processos evolutivos fisiológicos. São Paulo: Natura, 1978.

ROJAS-BERMÚDEZ, J. G. **Introdução ao psicodrama**. 3ª ed. São Paulo: Mestre Jou, 1980.

ROSSET, S. M. **Izabel Augusta**: a família como caminho. Curitiba: Livraria do Chain, 2001.

ROSSET, S. M. **Padrão de interação do sistema terapêutico**. Trabalho apresentado no Congresso Internacional de Terapia Familiar da IFTA, 13, Porto Alegre, 2001.

ROSSET, S. M. **Teoria geral de sistemas e a prática clínica**. Trabalho apresentado no Seminário Clínico do Núcleo de Psicologia Clínica, Curitiba, 1989.

ROSSET, S. M. **Compreensão relacional sistêmica dos mitos familiares**. Curitiba, 1993.

ROSSET, S. M.; PAULUS, T. C. F. B. **Terapia relacional sistêmica**. Trabalho apresentado no Seminário Clínico do Núcleo de Psicologia Clínica, Curitiba, 1990.

WATZLAWICK, P.; WEAKLAND, J.; FISCH, R. **Mudança**. Princípios de formação e resolução de problemas. São Paulo: Cultrix, 1977.

WILLI, J. O conceito de colusão: uma integração entre a proposta sistêmica e psicodinâmica para terapia de casal. Tradução de: Danilo Rosset. Curitiba, 1998. Tradução de: Il concetto di collusione: un'integrazione tra approccio sistêmico e psicodinâmico alla terapia di. coppia. **Terapia Familiare**. Rivista interdisciplinare di ricerca ed intervento relazionale, Roma, n. 23, 27-39, mar. 1987.

BIBLIOGRAFIA RECOMENDADA

ABRAMOVICH, F.; CHAKÉ E.; MATHIAS, M. F. **Teatricina**. Rio de Janeiro: MEC, Serviço Nacional de Teatro, 1979.

ANDERSON, B. **Alongue-se**. Tradução de: Maria Sílvia Mourão Neto. São Paulo: Summus, 1983.

BERTHERAT, T. **O corpo tem suas razões**: antiginástica e consciência de si. Tradução de: Estela dos Santos Abreu. São Paulo: Martins fontes, 1977.

BEUTTENMULLER, M. da G. **Expressão vocal e expressão corporal**. Rio de Janeiro: Forense Universitária, 1974.

CAMPBELL, J. **O poder do mito**. São Paulo: Atenas, 1990.

DIAS, V. R. C. S. **Sonhos e psicodrama interno na análise psicodramática**. São Paulo: Ágora, 1996.

ETIEVAN, N de S. de. Cada um se deita na cama que faz... : a relação do casal. São Paulo: Horus, 2000.

FEINSTEIN, D. **Mitologia pessoal**: como descobrir sua história interior através de rituais, dos sonhos e da imaginação. São Paulo: Cultrix, 1997.

FRITZEN, S. J. **Exercícios práticos de dinâmica de grupo e de relações humanas**. 5ª ed. Petrópolis: Vozes, 1975. v. 1.

FRITZEN, S. J. **Exercícios práticos de dinâmica de grupo e de relações humanas**. 3ª ed. Petrópolis: Vozes, 1975. v. 2.

HENDERSON, J. **O amante interior**: uma abertura à energia na prática sexual. Tradução de: Marta Rodolfo Schimdt. Rio de Janeiro: Nova Fronteira, 1991.

HOLZMANN, M. E. F. **Jogar é preciso**: jogos espontâneo-criativos para famílias e grupos. Porto Alegre: ArtMed, 1998.

IMBER-BLACK, E.; ROBERTS, J.; WHITING, R. A. **Rituales terapeuticos y ritos en la familia**. Barcelona: Gedisa Editorial, 1991.

KESSELMAN, H. **A multiplicação dramática**. São Paulo: Hucitec, 1991.

KNAPPE, P. P. **Mais do que um jogo**: teoria e prática do jogo em psicoterapia. Tradução de: Ruth Rejman. São Paulo: Ágora, 1998.

LABAN, R. **Domínio do movimento**. Tradução de: Anna Maria Barros de Vecchi e Maria Sílvia Mourão Netto. São Paulo: Summus, 1978.

LARSEN, S. **Imaginação mítica: a busca de significado através da mitologia pessoal**. Tradução de: Waltensir Dutra. Rio de Janeiro: Campus, 1991.

LÉVINTON, F. **Juegos psicológicos para parejas**. Buenos Aires: Editorial Sava Juro, 1985.

LOWEN, A.; LOWEN, L. **Exercícios de bioenergética**: o caminho para uma saúde vibrante. São Paulo: Ágora. 1985.

MASUNAGA, S. **Zen**: exercícios imagéticos. Tradução de: Ana Lucia Franco. São Paulo: Siciliano, 1990.

MENEGAZZO, C. M. **Magia, mito e psicodrama**. Tradução de: Magda Lopes. São Paulo: Ágora, 1994.

MILLER, R. D. **Massagem psíquica**. São Paulo: Summus, 1979.

MINDELL, A. **Percepção consciente**: trabalhando sozinho com seu processo interior. São Paulo: Summus, 1993.

MINDELL, A. **Trabalhando com o corpo onírico**. São Paulo: Summus, 1990.

MINUCHIN, S. **Técnicas de terapia familiar**. Porto Alegre: Artes Médicas, 1990.

MONTEIRO, R. F. **Técnicas fundamentais do psicodrama**. 2ª ed. São Paulo: Ágora, 1998.

MONTEIRO, R. F. **Jogos dramáticos**. São Paulo: McGraw-Hill do Brasil, 1979.

ROSSET, S. M. **Pais e filhos**: uma relação delicada. Curitiba: Sol, 2003.

ROSSET, S. M. **O casal nosso de cada dia**. Curitiba: Sol, 2004.

WEISER, J. **Photo therapy techniques**: exploring the secrets of personal snapshots and family albums. San Francisco: Jossey-Bass, 1993.

YOZO, R. Y. K. **100 jogos para grupos**: uma abordagem psicodramática para empresas, escolas e clínicas. São Paulo: Ágora, 1996.

ANEXO 1
Texto para a Técnica dos *culpados*, p. 87

Em um bairro afastado, viviam Maria e Antônio.

Antônio era muito trabalhador, dedicado ao seu emprego, preocupado em ser cada vez melhor profissionalmente, em progredir. Pouco via seus dois filhos, pois os horários não eram compatíveis.

Maria era bonita, vaidosa e vivia para cuidar da casa e dos dois filhos.

Todas as vezes que Maria reclamava mais atenção, Antônio reagia, explicando sua situação profissional. Eles não brigavam; ela reclamava, ele explicava; ela calava, ele cuidava do seu trabalho. Tudo continuava igual.

Um dia, ao ir ao banco retirar um dinheiro, Maria conheceu Armando. O moço era gentil, conversou animadamente com ela, deu o número de seu telefone, perguntou o dela. A partir desse dia, telefonou várias vezes; os dois conversaram bastante. Ele se interessava pelos desejos, necessidades e ideias dela. Ela passou a viver esperando os telefonemas. Logo, ele a convidou para ir à sua casa, que não ficava muito longe, era só atravessar o rio. Ela resistiu muito, mas um dia, após tentar conversar com o marido, decidiu visitar Armando.

Aproveitou o final da tarde de um dia em que seu marido faria plantão noturno. Foi à casa de Armando e viveu emoções e sensações que fantasiava existirem, mas não conhecia.

Já era noite quando resolveu voltar para casa. Ao chegar perto da ponte, encontrou um senhor que disse se chamar Augusto e avisou-a sobre um assaltante enlouquecido que estava no meio da ponte. Ela pediu que ele a acompanhasse, mas ele se negou.

Ela voltou à casa de Armando, pediu ajuda, mas ele disse que haviam chegado uns parentes e que não poderia ir com ela. Porém, deu-lhe o endereço de um barqueiro.

Ela foi à casa do barqueiro, que se chamava João. Ele não aceitou levá-la de barco porque estava muito escuro e não queria correr riscos.

Ela, então, preocupada com os filhos e com a volta do marido, resolveu atravessar a ponte sozinha.

No meio da ponte, num local bem escuro, o assaltante atacou-a. Disse que se chamava Jorge e odiava as mulheres. Roubou tudo que ela tinha e matou-a.

Quem é o culpado pela morte de Maria? Marque os envolvidos por ordem de culpa.

( ) Antonio ( ) Maria ( ) Armando ( ) João ( ) Augusto ( ) Jorge ( ) outros

ANEXO 2
Círculo para a Técnica dos *vínculos*, p. 144

ANEXO 3
Lista para aplicação da Técnica *Quem é quem*, p. 154

QUEM É QUEM

1) Gosta de exercícios físicos
___
2) Gosta de viajar
___
3) Tem medo de pequenos animais (barata, aranha, etc.)
___
4) Toma banhos demorados
___
5) Trabalha demais, inclusive em casa
___
6) Sente que a família é importante
___
7) É exigente
___
8) Gosta de contar piadas
___
9) Sempre está disposto(a) a ajudar os outros
___
10) Nunca está satisfeito(a)
___
11) Sente-se incompreendido(a)
___

12) Dá muito valor à aparência
___

13) Gosta de isolamento
___

14) Gosta de mandar
___

15) Deixa tudo para depois
___

16) Procura sempre fazer o certo
___

17) É desconfiado(a)
___

18) É agressivo(a) ou rude
___

19) É idealista e gosta da justiça
___

20) É Indeciso(a)
___

21) Gosta de levar vantagem
___

22) É melancólico(a)
___

23) Gosta de ter muita informação
___

24) Gosta de ser admirado(a)
___

25) É ciumento(a)
___

ANEXO 4
Montagem das caixas

Dependendo do objetivo a ser trabalhado, pode-se utilizar inúmeros materiais. As caixas que citamos nas técnicas são descritas a seguir.

Caixa de Pandora (recortes de figuras variadas) – Para criar essa caixa, o terapeuta, usando diversas revistas, recorta figuras, fotos, imagens interessantes e coloca-as dentro da caixa. A preferência é que sejam somente mensagens não verbais, ou seja, sem palavras. É interessante que a caixa contenha figuras variadas, abrangendo os vários ângulos da vida: pessoas, feias e bonitas, tipos de famílias, tipos de pessoas se relacionando, profissões, figuras abstratas, símbolos, animais, figuras que demonstram ou simbolizam sentimentos, figuras coloridas e em preto e branco, figuras de pessoas de raças, sexos, etnias e religiões diferentes.

Caixa de ícones – É uma caixa contendo diversos objetos e materiais que não tenham um valor ou uma identificação pré-definida ou definitiva. Podem ser vidrinhos, pilhas, tampinhas, canudos, pedaços de lã, conchas, fitas, dados, peças de jogos, rolhas, tecidos, caixinhas coloridas, etc.

Caixa de lãs – É uma caixa com diversos restos de lã de diferentes cores, texturas e espessuras.

Caixa de nozes – Colocam-se diversas metades de cascas de nozes para serem utilizadas em qualquer representação.

Caixa de tampas – Contém tampas de diversos tamanhos e cores. Tampas de vidros de conserva, de perfume, de frascos variados, de garrafas; tampas de cores e formatos inusitados, grandes e bem miudinhas, em número variado do mesmo tipo, etc.

ANEXO 5
Lista de material para o consultório

Almofadas	Jogo da memória
Argila	Jogo de tinta aquarela
Balões	Jogo de tinta guache
Bambolê	Jornais
Baralho	Lápis de cera
Baralho especial	Lápis de cor
Barbantes de diferentes cores e espessuras	Lápis para escrever
Caça-palavras	Lenços que sirvam de vendas para os olhos
Caixa de cascas de nozes	Manta pequena
Caixa de ícones	Massa de modelar
Caixa de recortes	Mobília em miniatura
Caixa de tampas	Moedas
Canetas	Papel celofane
Canetas para quadro branco	Papel de rolo
Canetas hidrográficas	Papel sulfite
Cartões coloridos	Papel tamanho A3
Cartolinas	Pedaços de madeira de vários tamanhos e formatos
Colas	Pincéis de, pelo menos, três espessuras
Copos plásticos	Quadro branco e apagador
Cordas	Miçangas coloridas
Cordas de algodão	Quebra-cabeça
Envelopes de tamanhos variados	Recipiente adequado para queimar papel
Fantoches de dedo	Revistas
Fios de náilon	Rolhas
Fitinhas	Tesouras
Fósforo ou isqueiro	Toalhas
Guardanapos de papel coloridos	Velas

Para informações sobre Cursos, Palestras, Workshops e Textos sobre Terapia Relacional Sistêmica:

Solange Maria Rosset

Home page: www.srosset.com.br
E-mail: srosset@terra.com.br
Fone/Fax: (41) 3335-5554
Curitiba - Paraná - Brasil

Anotações

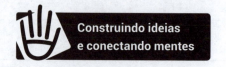

Este livro foi composto com tipografia Helvetica Neue
e impresso em papel Off-set 90g. em novembro de 2023.